El público

Letras Hispánicas

Federico García Lorca

El público

Edición de María Clementa Millán

DECIMOCUARTA EDICIÓN

CÁTEDRA

LETRAS HISPÁNICAS

1.ª edición, 1987
14.ª edición, 2018

Ilustración de cubierta: *Hombre y joven marinero,*
dibujo original de Federico García Lorca, Nueva York, 1929-1930,
colección Camilo José Cela

© De la introducción y notas: María Clementa Millán
© Ediciones Cátedra (Grupo Anaya, S. A.), 1987, 2018
Juan Ignacio Luca de Tena, 15. 28027 Madrid
Depósito legal: M. 7.115-2011
I.S.B.N.: 978-84-376-0672-9
Printed in Spain

Índice

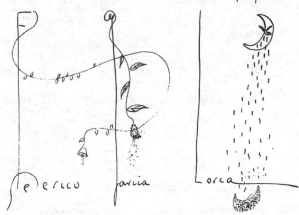

Introducción

A Paco

Cuando en junio de 1929 García Lorca llega a Nueva York dejaba atrás como experiencia en los escenarios españoles el fracaso de una obra simbólica, *El maleficio de la mariposa,* de 1920, y el éxito de un drama histórico, *Mariana Pineda,* estrenada en 1927 en el teatro Goya de Barcelona con decorados de Salvador Dalí[1]. Todavía no era el autor teatral consagrado por el gran público que sería en 1933, después del estreno de *Bodas de sangre,* aunque como poeta se sentía abrumado por el éxito del *Romancero gitano,* publicado en 1928. Este éxito, que pretendía encasillarlo como «poeta gitano», unido a una necesidad psicológica de cambio y a sus experiencias en la nueva estética de influencia superrealista (las prosas poéticas, *Santa Lucía y San Lázaro, Nadadora sumergida, Suicidio en Alejandría, Degollación de los inocentes* y *Degollación del Bautista,* así como su pequeña obra teatral de 1925, *El paseo de Buster Keaton)* le llevaron a expresarse en un nuevo lenguaje que, en poesía, daría lugar a un conjunto de creaciones recogidas en su mayor parte en *Poeta en Nueva York* y, en teatro, a *El público,* obra terminada en una primera redacción el 22 de agosto de 1930.

---

[1] Al iniciar nuestro estudio de *El público* queremos destacar la gran labor realizada por Rafael Martínez Nadal en la transcripción y análisis de esta compleja obra de Lorca, *Federico García Lorca. El público y Comedia sin título,* Barcelona, Seix Barral, 1978, *Federico García Lorca. Autógrafos II: El público,* Oxford, The Dolphin Book Co., 1976.

Este nuevo lenguaje llevaba consigo un evidente contagio de la estética superrealista, que había arraigado con fuerza en el contexto artístico español de finales de los años 20[2]. Sin embargo, el reducir la significación de *El público* a esta única perspectiva sería atribuirle una simplicidad que no contiene, ya que, si por algún rasgo se puede definir esta obra, es por la complejidad de los elementos que la componen. En ella, el Lorca introspectivo y complejo, receptor de influencias vanguardistas y clásicas, se muestra con mayor exhaustividad que en ninguna otra de sus producciones teatrales.

En *El público* resuenan ecos superrealistas, especialmente de Jean Cocteau, pero también de Luigi Pirandello, de Miguel de Unamuno, de William Shakespeare, de Goethe y de Calderón de la Barca. En sus páginas, el mundo íntimo del autor se entremezcla con su reflexión sobre el teatro, como si arte y vida estuvieran estrechamente unidos en esta etapa de su creación literaria. Esta obra, que se puede considerar de *necesaria* dentro de su trayectoria como escritor, es un acto de autoafirmación personal y artística, del que no podemos prescindir al analizar su obra, y del que, tal vez, el propio autor tampoco pudo evadirse. Es una explosión del más genuino sustrato lorquiano, que vio la luz entre 1929-1930, empujado por los nuevos aires superrealistas y neoyorquinos, pero que también estaba profundamente arraigado en lo más definitorio de su autor, y en grandes escritores del teatro clásico y contemporáneo.

---

[2] Para un análisis de este contexto remitimos a un estudio nuestro anterior: *En torno a la estética superrealista: algunos aspectos estilísticos de la Generación del 27*, Tesis Doctoral, Universidad Complutense, febrero de 1978.

Desde comienzos de siglo, y frente a la «ilusión de realidad» de las falsamente llamadas obras realistas, venía surgiendo en el teatro europeo una nueva corriente que se oponía a los caracteres más sobresalientes de este tipo de producciones. Frente a la «familiaridad» de las creaciones de Ibsen, Chéjov, o Bernard Shaw, en las que el espectador se sentía identificado con los ambientes, diálogos y problemas expuestos, sin que hubiese ningún tipo de ruptura entre la obra y sus convencionalismos sociales[3], aparecen iniciativas teatrales diversas, pero agrupadas bajo un denominador común: la creencia de que no era la verdadera realidad la mostrada en estas obras realistas, y el convencimiento de que este tipo de teatro adormecía al público, apartándolo de su realidad auténtica.

A este planteamiento general obedecen las líneas maestras de creaciones tan distintas como las de Bertolt Brecht y Luigi Pirandello, que ocuparon la escena europea durante los años 20, así como la concepción teatral de los superrealistas franceses, que vieron en el autor de finales del siglo XIX Alfred Jarry, y en la provocación, ironía y humor de su obra *Ubu roi*[4] su más claro antecedente, si bien la denominación de *surréaliste* proviene de la pieza teatral de 1917 de Guillaume Apollinaire, *Les mamelles de Tirésias*. Pirandello

---

[3] Sobre este teatro que respondía claramente a los intereses de la burguesía reinante, ver Luis Fernández Cifuentes, *García Lorca en el teatro: La norma y la diferencia*, Zaragoza, Prensas Universitarias, 1986.

[4] Su obra *Ubu roi* sólo duró en cartel dos días, a pesar de que el autor salió al escenario a explicar su significado y de que el protagonista era el prestigioso actor Firmin Gémier. Esta reacción no era extraña, ya que esta creación entrañaba «la condammnation de la bêtise et de la lâcheté avec la fureur, la fureur indignée de l'individu arraché brusquement, par cette provocation retentissante, à sa niaise quiètude bougeoise», Jacques Henry Levesque, *Alfred Jarry, Poètes d'Aujourd' hui*, París, Seghers, 1963, pág. 39.

13

habla sobre los problemas de la escena europea en sus ensayos sobre el teatro, donde afirma que

> su liberación no será completa mientras aquellos que ya han aprendido a desprenderse de la opinión de los pequeños burgueses no aprendan, además, a prescindir de la desaprobación de la gente que está costreñida por sus limitadas capacidades emotivas a considerar el arte como un pasatiempo elegante[5].

Este nuevo teatro rechazaba el diálogo convencional de las obras realistas, sustituyéndolo por la reflexión sobre temas importantes para la existencia humana (como en Brecht y Pirandello, aunque realizada por caminos distintos), o por el ilogicismo de los superrealistas franceses, apuntando con la inconexión de su lenguaje a una realidad diferente a la objetiva. Brecht con su *teatro épico* pretendía inducir al auditorio a recapacitar sobre aspectos esenciales. La característica fundamental de sus creaciones «reside quizás en que no apela tanto al sentimiento como a la razón de los espectadores. El espectador no debe identificarse con los personajes, sino discutirlos»[6].

Igualmente, estos nuevos autores rechazaron el ambiente cotidiano de interiores burgueses de las obras realistas[7], utilizando en sus creaciones escenarios insólitos para la época. El interior de un teatro en *Seis personajes en busca de autor* de Pirandello, o la casa de recreo de Orfeo y Eurídice en la pieza *Orfeo,* del autor próximo al superrealismo, Jean Cocteau. Asimismo, la identificación del yo del espectador con los actores del teatro realista desaparece también en estos

---

[5] «Teatro nuevo y teatro viejo», *Ensayos,* Madrid, Guadarrama, 1968, págs. 235-236.

[6] *Escritos sobre teatro,* Buenos Aires, Nueva Visión, 1983, vol. 1, pág. 37.

[7] Henry James señala «la alfombra horrorosa, el empapelado de las paredes... las lámparas de tulipa verde», características del teatro de Ibsen, *The Scenic Art,* New Brunswick, Rutgers University Press, 1948, pág. 249.

nuevos rumbos escénicos, a través de posiciones distintas, pero con un fin último común, como la teoría del *distanciamiento*, de Bertolt Brecht, o el *teatro de la crueldad* de Antonin Artaud[8]. Las obras teatrales pierden también con estos nuevos autores la estructura coherente y clásica de los tres actos para convertirse en una sucesión de escenas (como en la citada obra de Cocteau, compuesta de XIII escenas) o en una pieza sin interrupción, como en *Seis personajes en busca de autor* de Pirandello.

El grupo superrealista francés fue tal vez el que llevó estas desviaciones de la anterior norma teatral a su más alto grado, ya que el universo mostrado en sus obras implicaba ya mundo onírico, ilogicismo y escritura automática. También el elemento sorpresa, que lo distinguía del teatro contemporáneo, ya que «La surprise doit être recherchée pour elle même inconditionnellment», según afirma Breton en *L'Amour fou*. Igualmente, buscaban como objetivo importante la desorientación del espectador, conseguida a través de una obra que estuviese dominada por la inacción, en vez de por una trama perfectamente urdida, y en la que lo consciente alternase con lo inconsciente, a la vez que el amor apareciera como tema fundamental de su argumento.

Estas características se cumplían con más o menos intensidad en las escasas obras teatrales, comparadas con su producción poética, que llevaron a cabo los superrealistas franceses, *Trésor des Jesuites* de Aragón y Breton, *Mouchoir de Nuages* de Tzara, *Victor ou les Enfants au Pouvoir* de Vitrac, etc. La actividad teatral implicaba una cierta contradicción con los planteamientos del grupo, al oponerse el yo profundo, que estos autores querían poner de manifiesto en sus creaciones, con la máscara teatral[9]. No obstante, se

---

[8] Las ideas de Artaud sobre el teatro se encuentran recogidas en dos obras fundamentalmente, el *Teatro de la crueldad* y *El teatro y su doble*.

[9] Henri Béhar, «La question du théâtre surréaliste, ou le théâtre en question», *Europe*, núms. 475-476, noviembre-diciembre de 1968, págs. 163-176.

creó el *Théâtre Alfred Jarry*, a manos de Antonin Artaud y Roger Vitrac, donde fueron representadas algunas de sus producciones entre 1927-1930, aunque su proyección significativa como dramaturgos provenga de 1932, con la publicación por Artaud del *Manifeste du théâtre de la cruauté*. En este tipo de teatro no sólo se había sustituido la apelación a la mente del espectador (como en las obras de Brecht o Pirandello) por el subsconciente humano, sino que también aparecía un lenguaje donde la plástica era superior a las palabras. Con ello se pretendía sorprender al espectador por medio de imágenes crueles, en consonancia con la cinematografía superrealista de la época, como *Un chien andalou* de 1929.

Artaud se levantó contra la «tiranía de la palabra» del teatro anterior, reclamando un teatro espectáculo, donde los componentes no literarios del hecho teatral cobraban una importancia inusitada. En este sentido, la posición de Artaud coincidía parcialmente con la corriente teatral que desde principios del siglo pretendía llevar a cabo esta renovación a través de la innovación de los elementos no literarios. De ella habían formado parte grandes teóricos directores de teatro, como Stanislavski, Danchenko, Jacques Copeau, Meyerhold, Max Reinhardt, Edward Gordon Craig, etc., aunque con notables diferencias entre ellos.

La creación de escuelas teatrales, como el *Teatro de Arte de Moscú*, que venía haciendo sus representaciones desde 1896[10], o la *Arena Goldoni* de Florencia de Gordon Craig, responden a esta preocupación. Insistían fundamentalmente en la completa preparación del actor que no sólo debía cuidar su dicción, sino también su entrenamiento físico. La mímica, la plástica teatral, la concepción de un escenario dinámico con volumen, frente a la escena horizontal realista, la abolición de la cuarta pared (que permitía una total comunica-

---

[10] Sobre este aspecto, ver Marc Slorim, *El teatro ruso del Imperio a los Soviets,* Buenos Aires, Editorial Universitaria, 1965.

ción entre espectador y actores) fueron algunas de las importantes innovaciones escénicas que se lograron en este sentido.

El teatro reclamaba su autonomía frente a la realidad objetiva, por lo que lo genuinamente teatral, como la marioneta o la máscara, fue ensalzado. Así sucede en la teoría de la «supermarioneta» de Gordon Craig, donde la identificación entre espectador y rostro humano del actor desaparece con la utilización de la máscara[11].

Las características del público también fueron un elemento de preocupación para los renovadores teatrales que se oponían a la escena realista. Como afirma Bertolt Brecht:

> Para representar nuestras obras buscaremos y construiremos caminos y aprenderemos a llenar los teatros con gente cuyas concepciones estén de acuerdo con nuestro tiempo y cuyos sentimientos sean frescos y limpios... Al estudiar nuestros efectos no olvidemos que es preciso renovar el material humano y que, para alcanzar el efecto teatral, será necesario modificar el teatro hasta el punto de que la denominación actual de «teatro» apenas conserve su validez[12].

El público, como otro elemento más del hecho teatral, también debía ser renovado. Un público que aceptase los nuevos juegos escénicos que autores, teóricos y directores teatrales venían proponiendo como contraposición al teatro realista.

El teatro en España hacia 1930

También a la escena española habían llegado estos aires de innovación teatral, diferentes a la manera de hacer de

---

[11] Sobre estas teorías, ver la obra de Gordon Craig *The Art of the Theater*, Chicago, Browne's Bookstore, 1912.

[12] *Escritos sobre teatro, op. cit.*, vol. 1, pág. 35.

autores como Jacinto Benavente, o los hermanos Álvarez Quintero, que llenaban las salas comerciales de la época. La necesidad de una renovación en el teatro español era señalada repetidamente por autores y críticos, como Jacinto Grau, que en 1927 declaraba: «No hay tal teatro español de hoy. En conjunto... es un potaje tradicional, adobado con los mismos ingredientes: traducciones y adaptaciones de obras industriales»[13]. En 1928 se decía, en el artículo denominado «En torno al teatro nacional. El teatro laboratorio», que la escena «debería abrir sus puertas al teatro nuevo», citando entre los autores innovadores a Lenormand y Chéjov[14]. No obstante, sólo tres adaptaciones importantes del teatro extranjero fueron llevadas a cabo en los escenarios españoles durante 1928, *Les Ratés* de Henri-René Lenormand, *Candide* de Bernard Shaw, y *Orphée* de Jean Cocteau[15]. Esta última fue puesta en escena de forma innovadora por el grupo «Caracol», bajo la dirección de Rivas Cherif y con escenografía de Bartolozzi. Recibió grandes aplausos, fue uno de los acontecimientos teatrales de la temporada[16].

Sin embargo, a pesar de las representaciones seguía habiendo un enorme desfase entre el conservadurismo de las carteleras teatrales y la información que llegaba del nuevo teatro realizado fuera de nuestras fronteras. Esta puesta al día era proporcionada fundamentalmente por las revistas y periódicos más importantes de la época, como *El Sol,* donde todos los jueves durante 1928 apareció una página dedicada al teatro, y tenía corresponsales en Berlín, Londres, Nueva York (Broadway) y Buenos Aires. También en la *Revista de Occidente* había huellas de esta renovación tea-

---

[13] *La Gaceta Literaria,* núm. 10, 15 de mayo de 1927.

[14] F. Gómez de Baquero, *El Sol,* 8 de marzo, pág. 5.

[15] Guillermo Díaz-Plaja, «1928. Mapa dramático español», *La Gaceta Literaria,* núm. 50, 1 de febrero de 1929.

[16] Antonio de Obregón, *La Gaceta Literaria,* núm. 49, 1 de enero de 1929, pág. 3.

tral. En ella se tradujo, en abril de 1929, la obra del norteamericano Eugene O'Neill, *The Emperor Jones*. Fueron dedicados varios artículos a explicar la producción de este dramaturgo, que conmocionó el teatro americano hasta 1930[17], con obras como *The Great God Brown,* estrenada en 1925, o *Strange Interlude,* de 1927. En estas creaciones aparecen perspectivas distintas de unos mismos personajes, expresadas a través de diferentes caretas, en la primera obra citada, y por medio de un cambio de voces, en la segunda. El nuevo teatro europeo halla eco, igualmente, en la Residencia de Estudiantes, donde en 1924 fueron impartidas unas conferencias por el profesor irlandés Walter Starkie acerca de «El teatro inglés contemporáneo»[18]. En el año 1928 vuelve para tratar sobre «Tres etapas del teatro moderno: Ibsen, Shaw y Pirandello»[19], dedicándole una gran atención a este último autor, acerca del cual había publicado un libro.

Sobre el teatro del grupo superrealista pocas noticias directas se tuvieron en España antes de 1929, ya que en sí mismo no tuvo gran repercusión en los escenarios franceses, siendo la influencia del «teatro de la crueldad» posterior a esta fecha. Sin embargo, el superrealismo, como teoría portadora de una nueva estética, estaba en el aire del arte español, influyendo también en el teatro que luchaba por su renovación dentro del dominio aplastante del teatro benaventino. Ejemplos de la asimilación de esta nueva estética en la escena española serían un conjunto de obras que, desde 1926, aparecie-

---

[17] *Revista de Occidente,* núm. LXX, págs. 74, 76-102 y núm. LXXI, págs. 189 y 235.

[18] Recogidas en el primer número de la revista *Residencia,* abril, 1926, pág. 42.

[19] Publicadas también en *Residencia,* según consta en la revista *Poesía,* en los números 18 y 19, dedicados a Jiménez Fraud, diciembre de 1983, pág. 115, recibiendo gran cobertura informativa en *El Sol,* 12 de abril de 1928.

ron en el panorama teatral[20]: *El otro* de Unamuno, *Tic-tac* de Claudio de la Torre y *Lo invisible* de Azorín, de 1927; *Sinrazón* de Ignacio Sánchez Mejías, de 1928; *Tararí* de V. Andrés Álvarez, *Los medios seres* de Gómez de la Serna, *De la noche a la mañana* de Ugarte y López Rubio (que recibió el primer premio de un concurso organizado por *ABC*) y *Un sueño de la razón* de Rivas Cherif, que fue acogida con «truenos de palmas»[21], estas últimas de 1929.

Sin embargo, a excepción de estos pocos ejemplos que tuvieron éxito en los escenarios españoles, todavía en 1929 cuando ya se empezaba a reconocer la existencia de un «nuevo periodo, el postbenaventino», sobre el cual «el maestro ha hecho —públicamente— manifestaciones pesimistas»[22], el teatro del gran público continuaba bajo la influencia de Benavente. Los actores españoles rinden un homenaje a su labor en el teatro Calderón de Madrid el 28 de enero de 1929, siendo recibido con «ovaciones clamorosas»[23]. Por el contrario, obras innovadoras como *El señor de Pigmalión* de Jacinto Grau, escrita en 1921 y presentada al público español en 1928, «fue recusada —en parte— por nuestros mejores críticos (Mesa, Machado, Canedo, Almagro)»[24]. Finalmente, *Sinrazón* de Ignacio Sánchez Mejías, también de 1928, que «recuerda al *Enrique IV* de Pirandello» y donde aparece una «exposición freudiana» del sueño en relación con la vida, fue acogida con aplausos, aunque «sin completa unanimidad»[25].

El teatro de Valle-Inclán tampoco tenía la acogida que merecía en la escena española, pues, como afirma el autor a

---

[20] Sobre este aspecto, ver Barbara Sheklin Davis, «El teatro surrealista español», *El surrealismo,* Madrid, Taurus, 1982, págs. 327-341.

[21] A. Rodríguez de León, *El Sol,* Madrid, 6 de enero de 1929.

[22] Antonio de Obregón, *op. cit.,* pág. 3.

[23] *El Sol,* 29 de enero de 1929, pág. 8.

[24] *La Gaceta Literaria,* 1 de junio de 1929.

[25] Enrique Díez-Canedo, *El Sol,* 25 de marzo de 1928, pág. 12.

su amigo Cipriano Rivas Cherif en una carta fechada en 1922, en plena época esperpéntica:

> El teatro no es un arte individual (...) Sin un gran pueblo, imbuido de comunes ideales o dolores, no puede haber teatro (...) El sentimiento de los espectadores crea la comedia y aborta al autor dramático. ¿Quiénes son espectadores de las comedias? Padres honrados y tenderos, niñas idiotas, viejas con postizos, algún pollo majadero y un forastero. Los mismos que juegan a la lotería en las tertulias de la clase media. Por eso los autores de comedias —desde Moratín hasta Benavente— parecen nacidos bajo una mesa de camilla. Son fetos abortados en una tertulia casera. En sus comedias están todas las lágrimas de la baja y burguesa sensibilidad madrileña[26].

La renovación de la escena española también era intentada en estos años anteriores a 1930 desde la dirección teatral, y desde los aspectos no literarios del hecho escénico. En este sentido merece destacarse la labor desarrollada por Martínez Sierra al frente del teatro Eslava de Madrid, y la de los escenógrafos Rafael Barradas, Manuel Fontanals y Siegfrid Bürmann, así como la llevada a cabo por Cipriano Rivas Cherif. Éste dirigió diferentes grupos de teatro experimental, como *El Mirlo Blanco* (1926), *El Cántaro Roto* (finales de 1926), o *El caracol* (1928), y también escuelas teatrales, como el *Teatro de la Escuela Nueva,* creada en 1920[27]. Las representaciones de estos grupos se apartaban abiertamente del teatro comercial, no sólo por el del repertorio elegido, sino también por la puesta en escena y los locales en que tenían lugar dichas actuaciones, la casa de los Baroja, el Círculo de Bellas Artes, y la Sala Rex, respectivamente. Su

---

[26] «Cartas inéditas de Valle-Inclán», *Ínsula,* núm. 398, Madrid, enero de 1980, págs. 1-10.

[27] Sobre la labor de Cipriano Rivas Cherif, ver Juan Aguilera, *Introducción a la vida y obra de Cipriano Rivas Cherif,* Tesis de Licenciatura, Zaragoza, 1983, dirigida por Agustín Sánchez Vidal.

intento de renovación abarcaba una triple finalidad: cambiar la formación de los actores (para lo que se creó la *Escuela Nueva,* y, después, la *Escuela de Teatro* en 1933), cambiar los aspectos no literarios del hecho teatral, como decorados y figurines, y, por último, cambiar al público, de modo que aceptase los nuevos autores y la innovación que ellos aportaban.

Posteriormente, Rivas Cherif llevó estos mismos intentos renovadores al teatro profesional, dirigiendo, por encargo de Margarita Xirgu, el Teatro Español desde 1930 a 1935. En este propósito de apertura, varias obras de Valle y García Lorca subieron a la escena del Español, como *Divinas palabras,* 1933, *La zapatera prodigiosa,* 1930, *Yerma,* 1934 y *Doña Rosita la soltera,* 1935.

Sin embargo, cuando Lorca inicia su viaje a Nueva York todavía no era el dramaturgo famoso, aclamado por el gran público, sino un autor novel que buscaba la renovación escénica apartándose conscientemente del realismo en el teatro. Así lo había hecho con anterioridad con un drama simbólico, como *El maleficio de la mariposa;* con teatro breve contagiado de aires vanguardistas, como *El paseo de Buster Keaton, La doncella, el marinero y el estudiante,* o *Quimera;* con una obra histórica, como *Mariana Pineda,* y también por medio de su teatro de guiñol, y de piezas tan poco realistas como *La zapatera prodigiosa* o *Amor de Don Perlimplín con Belisa en su jardín.* Igualmente, rechazaría el realismo escénico en su nueva obra teatral de 1929-1930, de corte vanguardista, *El público.*

«EL PÚBLICO» DE GARCÍA LORCA

Con todos estos ingredientes en el contexto español del momento García Lorca llega a Nueva York en 1929, dándose cuenta de que uno de los problemas fundamentales para que el nuevo teatro arraigase en los escenarios españoles era ese público burgués, tan criticado por Pirandello, Brecht o los superrealistas franceses, al igual que por Grau, Valle-Inclán o el mismo Lorca, y al que molestaba ver un teatro no convencional sobre las tablas. Son numerosas las entrevistas en las que el autor habla sobre este tema, como las realizadas por Ramírez y Prats en 1934, donde Lorca afirma que

> sólo hay un público que hemos podido comprobar que no nos es adicto: el intermedio, la burguesía, frívola y materializada (...) Lo grave es que las gentes que van al teatro no quieren que se le haga pensar sobre ningún tema moral. Además, van al teatro como a disgusto. Llegan tarde, se van antes de que termine la obra, entran y salen sin respeto alguno[28].

Este público convencional, objeto de preocupación para la escena europea de la época, como hemos visto, es uno de los aspectos fundamentales de esta pieza vanguardista de Lorca. Llega incluso a componer su título, que podríamos considerar premonitorio teniendo en cuenta el futuro que aguardaba a la obra. El tener que ser considerada por su mismo autor como «irrepresentable», precisamente por ser «el espejo del público», es decir, por hacer

> desfilar en escena los dramas propios que cada uno de los espectadores está pensando, mientras está mirando, muchas veces sin fijarse, la representación. Y como el drama de cada uno es muy punzante y generalmente nada honroso, pues los espectadores enseguida se levantarían indignados e impedirían que continuase la representación[29].

Estas palabras de Lorca relatan en líneas generales el contenido de *El público,* donde se plantea de forma sangrienta

---

[28] *Obras completas,* Madrid, Aguilar, 1972, págs. 1748 y 1767, respectivamente.

[29] «Llegó anoche Federico García Lorca», *Obras completas,* pág. 1731.

la contraposición entre dos tipos de teatro: el que pone de manifiesto un drama auténtico, en el cual va implicada la intimidad del autor, y aquella representación convencional, del gusto de una determinada audiencia que prefiere no enfrentarse con la verdad del escenario. Entre un *teatro bajo la arena* o un *teatro al aire libre,* según los denomina García Lorca en esta pieza[30].

Con esta contraposición entre dos tipos de teatro, Lorca estaba enraizando su obra de 1929-1930 en el contexto europeo de crítica al teatro convencional, antes analizado, en especial con la obra de Luigi Pirandello, *Seis personajes en busca de autor,* estrenada en Madrid en los años 20. También en ella aparece una confrontación entre la verdad y la falsedad en el teatro, como podemos ver en el diálogo que a continuación citamos, donde el Director se enfrenta a uno de los seis personajes portadores del verdadero drama.

—¿Y quiere Ud. que digamos eso en el teatro? ¿Quiere Ud. que el público nos tire con algo?
—Pero si es la verdad.
—¡Déjese en paz de verdades! Aquí estamos haciendo teatro. La verdad... ¡hasta cierto punto![31].

Para dar forma a esta oposición, Pirandello se vale del viejo recurso del «teatro en el teatro», confrontando su verdadero

---

[30] Parte del análisis aquí realizado ha formado parte del número monográfico dedicado por los *Cuadernos* de la revista *El público* a esta obra de Lorca, coincidiendo con su estreno en España en el teatro María Guerrero, bajo la dirección de Lluis Pasqual. Núm. 20, enero de 1987.

[31] *Seis personajes en busca de autor,* Madrid, Alfil, Colección Teatro, núm. 130, 1968, pág. 55. Esta figura del Director, convertido en personaje, de Pirandello, podríamos relacionarla con la existente en *El público* de Lorca, aunque en ella mantenga una relación más estrecha con el verdadero drama, como más adelante veremos, diferenciándose también por este aspecto de otros «Directores» aparecidos en el teatro de Lorca, como en el *Retablillo de Don Cristóbal.*

drama con la obra titulada *Cada cual a su juego*[32]. También García Lorca empleará este recurso al introducir la acción del teatro bajo la arena en una representación del teatro convencional al aire libre. Sin embargo, en su uso va mucho más allá que Pirandello, siguiendo en parte la evolución del teatro en los años que los separan. No sólo en lo que a complejidad teatral se refiere, como más adelante veremos, sino también en la naturaleza del auténtico drama que pretende subir al escenario. Mientras en Pirandello este recurso es utilizado con un fin distanciador, para que el espectador reflexione sobre la identidad del hecho teatral, en *El público* será el vehículo por el cual encontrará forma una verdad íntima.

Lorca une estructuralmente en esta obra los dos temas fundamentales que la componen: su consideración sobre el teatro, y su propio conflicto interior. De esta forma, los términos teatrales que en ella aparecen, trajes, máscaras, representación, tienen siempre un doble significado, el puramente teatral, y el que lo relaciona con su mundo personal. En este sentido, su conexión con *El gran teatro del mundo* de Calderón de la Barca es evidente, como después analizaremos, mostrándose claramente en los títulos de las dos obras, referentes al mundo teatral. El gran teatro será para Calderón la propia vida del hombre, a la vez que el público para Lorca no será únicamente el que llena el recinto teatral, sino que representa a aquel sector de la sociedad que reacciona violentamente ante «las verdades más inocentes».

En *El público*, García Lorca se compromete extraordinariamente con lo que está presentando. Este compromiso con la verdad es uno de los aspectos más significativos de esta creación, que la diferencia de otras piezas teatrales, como su trilogía rural, *Yerma, Bodas de Sangre* y *La casa de Bernarda Alba*, donde hay más concesiones al gran público. Como

---

[32] Atribuida en la obra a Pirandello, ya que «de Francia no nos llega una sola comedia que valga la pena, y nos vemos obligados a hacer las de Pirandello, que no hay quien las entienda», *Seis personajes..., op. cit.*, pág. 9.

declara el autor en una entrevista de 1936, «para demostrar una personalidad y tener derecho al respeto he dado otras cosas», al tiempo que tuvo que considerar parte de su producción como «irrepresentable», a pesar de que «en estas comedias imposibles está mi verdadero propósito»[33].

Esta importancia de la verdad existente en *El público* se podría relacionar con la evolución que en este sentido se opera en la obra de García Lorca a partir de 1929, debido fundamentalmente a la influencia superrealista. Sin embargo, a diferencia del matiz a veces irónico y burlón que contienen parte de las creaciones teatrales francesas adscritas a este movimiento (como *Orphée* o *Ubu roi),* las composiciones escritas bajo esta influencia por poetas españoles, como Lorca, Alberti, Aleixandre y Cernuda, muestran un carácter trágico de enfrentamiento con la propia existencia, que cambia la perspectiva del autor frente a su obra[34]. Dicha evolución se puede ver igualmente en sus poemas neoyorquinos, coetáneos a *El público*[35], donde se rechaza de modo explícito «la burla y la sugestión del vocablo» de obras poéticas anteriores, para en su lugar «decir mi verdad de hombre de sangre», como afirma el protagonista en «Poema doble del lago Edem». En *El público* el autor también quiere «el verdadero teatro... para que se sepa la verdad de las sepulturas».

Este carácter subterráneo y oculto, que presenta la verdad en esta obra, es lo que provoca la aparición en *El públi-*

---

[33] «Al habla con Federico García Lorca», *Obras completas,* pág. 1811.

[34] Este aspecto se manifiesta claramente si comparamos *Poeta en Nueva York, Sobre los ángeles, Sermones y moradas, Pasión de la tierra* y *Un río, un amor,* todas ellas escritas a finales de los años 20, con sus producciones más representativas inmediatamente anteriores, *Romancero gitano, Cal y canto, Ámbito* y *Égloga, elegía, oda,* donde el yo angustiado del poeta no se muestra en primer plano, afrontando su realidad actual, como en las creaciones antes citadas.

[35] Sobre este aspecto, María Clementa Millán, «*Poeta en Nueva York* y *El público,* dos obras afines», *Ínsula,* núms. 476-477, julio-agosto de 1986.

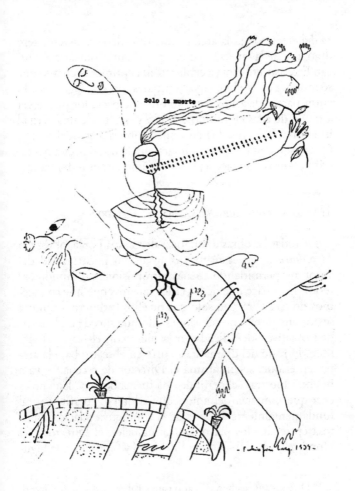

Solo la muerte

co del «teatro bajo la arena», identificado con el verdadero drama, y de la «fuerza oculta» que el autor quiere escenificar. Este aspecto está ya explícito en el primer decorado que se muestra en la obra, cuyas ventanas son «radiografías». El autor parece decirnos con ello que el espectador puede ver a través de ellas el mundo cerrado y oculto de una verdad interior y, a la vez, los entresijos subterráneos del teatro. Como si en esta obra se radiografiara la interioridad del escritor, tanto en su faceta personal como de autor dramático.

Teatro al aire libre y teatro bajo la arena

De todas las obras dramáticas de García Lorca tal vez sea *El público* la que esté más centrada en la intimidad del autor, no permitiendo apenas intromisiones al mundo exterior. Esto hace que de los cinco cuadros que hoy conocemos de esta obra[36] en sólo tres de ellos (primero, quinto y sexto) encontraremos alusiones a lo que sucede en la realidad objetiva, identificada en la pieza con el teatro al aire libre. El resto del drama transcurre en el teatro bajo la arena, en el que, según afirma el Director de escena, se va a intentar mostrar «el perfil de una fuerza oculta». Ésta no es otra que la fuerza del amor, que adquiere «perfil» teatral fundamentalmente a través de la conflictiva relación amorosa entre sus dos personajes principales, el Director y el Hombre 1 (desdoblados en Enrique[37] y Gonzalo, y la Figu-

---

[36] De estos seis cuadros, el cuarto parece haberse perdido, o al menos no figura en el manuscrito publicado por Martínez Nadal, no siendo ésta la versión definitiva de la obra, ya que parece haber otro texto posterior, ya mecanografiado, aún hoy también sin publicar, Martínez Nadal, *op. cit.,* pág. 29. Sobre este aspecto, ver nuestro apartado «Notas a la edición».
[37] El nombre de Enrique aparece también formando parte del poema neoyorquino «Fábula y rueda de los tres amigos», cuya estructura guarda una estrecha relación con el continuo desdoblamiento de personajes, característico de *El público*.

ra de Cascabeles y la Figura de Pámpanos, respectivamente). También, por medio del resto de caracteres de este teatro, el Hombre 2, el Hombre 3, Elena, el Emperador, Julieta y los Caballos, que serán la ejemplificación, a través de un personaje teatral, de estas distintas facetas del sentimiento amoroso.

Este teatro bajo la arena se muestra en el transcurso de una representación convencional «sin que lo notara la gente de la ciudad» y «por medio de un ejemplo», ya que «si hubiera levantado el telón con la verdad original se habrían manchado de sangre las butacas desde las primeras escenas». Para conseguirlo «mis amigos y yo abrimos el túnel bajo la arena» y «cuando llegamos al sepulcro levantamos el telón»... «Yo hice el túnel para apoderarme de los trajes, y, a través de ellos, enseñar el perfil de una fuerza oculta cuando ya el público no tuviera más remedio que atender lleno de espíritu y subyugado por la acción».

El «ejemplo» de que se sirve el Director de escena para llevar a cabo su intento es la obra de Shakespeare, *Romeo y Julieta,* a través de la cual «me atreví a realizar un dificilísimo juego poético en espera de que el amor rompiera con ímpetu y diera nueva forma a los trajes». Para ello, se cambian los actores, que estaban representando el papel de Romeo y Julieta en el falso teatro convencional, por otras personas que «se amaban con un amor incalculable», si bien «Romeo era un hombre de treinta años y Julieta un muchacho de quince». Sin embargo, el público que asistía a esta representación reacciona violentamente produciendo la muerte de todos los actores, «por pura curiosidad, para ver qué tenían dentro», encontrándose con «un racimo de heridas y una desorientación absoluta».

Esta relación de hechos constituye el entramado lógico de la obra, en el que se insertan las dos acciones del teatro al aire libre y del teatro bajo la arena. Esto se realiza utilizando el recurso del teatro en el teatro antes aludido, usado también por Pirandello, como ya vimos. En su obra, *Seis personajes en busca de autor,* al lado de un plano objetivo, encontramos «una realidad que nace evocada» y que es «más verdadera», ya que «se puede nacer a la vida bajo tantas formas...: árbol o piedra, agua o mariposa... o mujer. ¡Hasta se puede nacer personaje!»[38]. Sin embargo, en García Lorca, a diferencia de Pirandello, las fronteras entre ambos universos, íntimo y objetivo, no se mantienen nítidas a lo largo de la pieza. Este hecho es consecuencia de la perspectiva esencialmente intimista que la envuelve, que condiciona enormemente la concepción de la obra, haciendo que lo que se nos muestre en primer término sea la acción del teatro bajo la arena. Ésta comienza al final del cuadro primero, cuando el Director, después de haber pasado por el biombo, dice al Hombre 1 «Podemos empezar», a lo que éste responde «cuando quieras». Termina en el cuadro quinto del drama con la muerte del Hombre 1, abarcando, por tanto, la mayor parte de su acción. Sólo quedan dos retazos del mundo objetivo al principio y final de la obra, en el despacho del Director, aunque en ellos aparezcan también personajes de esa realidad «evocada» pero «más verdadera», que decía Pirandello, del teatro bajo la arena. Los Caballos y los tres Hombres en el comienzo del cuadro primero, y el Traje de Arlequín en el último cuadro. El resto de la acción transcurrida en el recinto del teatro al aire libre sólo la conocemos por referencias. Fundamentalmente por los comentarios de los caracteres que representan el mundo objetivo, los Estudiantes, el Muchacho y las Damas, que nos cuentan cómo vieron al personaje de Julieta del teatro convencional amordazada debajo de las butacas, y a un público enardecido que protestaba violentamente por el cambio ocurrido en escena.

La representación de *Romeo y Julieta* es considerada, por lo tanto, en *El público* como ejemplo del falso teatro convencional, lo que sorprende al espectador que no espera ver

---

[38] *Seis personajes en busca de autor, op. cit.,* págs. 44 y 13.

clasificado así este drama, expresión tradicional de una historia de amor auténtico. Sin embargo, uno de los personajes del cuadro primero se pregunta, «y enamorados. ¿usted cree que estaban enamorados?»... «¿Por qué, al final, no bajó usted las escaleras del sepulcro?»... «¿Y si yo le digo que el personaje principal de todo fue una flor venenosa?».

La alusión a esta flor venenosa explica el por qué García Lorca emplea la obra *Romeo y Julieta* como ejemplo de teatro al aire libre, ya que el autor asocia esta creación de Shakespeare con otra obra del mismo escritor, *El sueño de una noche de verano*. Sin embargo, Lorca salva el personaje de Julieta, que aparece, a la vez, formando parte de su teatro bajo la arena, como más adelante veremos.

SHAKESPEARE COMO CONTRAPUNTO

Esta «flor venenosa», que aparece citada varias veces en *El público,* es la utilizada por Shakespeare en *El sueño de una noche de verano*[39]. Por ella, Titania, reina de las hadas, se enamora de Lanzadera, quien está desfigurado con una cabeza de asno, debido a la travesura de Puck. Este hecho no sucede en el plano real de la obra (el de los duques de Atenas, ante los cuales está teniendo lugar la representación del drama de Píramo y Tisbe, mediante la utilización del recurso del teatro en el teatro, usado también en la pieza de Lorca), sino en el mundo mágico e irreal de las hadas.

---

[39] Luis Buñuel también había utilizado en 1927 una obra de Shakespeare para crear su *Hamlet, tragedia cómica.* Ésta «fue la primera pieza del surrealismo», donde «el problema central de la obra renacentista (complejos de castración y de Edipo, generando el narcisismo) está indicado aquí con mayor crudeza: en la escena final descubrimos que Hamlet y Leticia son una misma persona y desdoblada», Francisco Aranda, *Luis Buñuel, biografía crítica,* Barcelona, Lumen, 1969.

Esta obra tiene una gran repercusión en la producción global de García Lorca[40], apareciendo de modo tal vez más evidente que en ninguna otra de sus creaciones, en la pieza también vanguardista, titulada por la crítica *Comedia sin título,* terminada en 1936, y con la que *El público* presenta numerosas concomitancias[41]. En esta pieza, la historia de Shakespeare sirve para introducir el recurso del teatro en el teatro, por medio del cual se contraponen, al igual que en *El público,* dos tipos de dramas, el auténtico y el convencional. Por ello el Autor, convertido en personaje, recrimina el hecho de que «los personajes de las comedias no dicen más que lo que pueden decir en voz alta pero se callan su verdadera angustia»... «Yo no quiero actores sino hombres de carne y mujeres de carne». Sin embargo, el verdadero teatro no es utilizado en *Comedia sin título* para mostrar la intimidad del autor, como sucede en *El público,* sino para expresar su compromiso con la realidad existente fuera de la escena. Como afirma la Actriz, uno de los caracteres de *Comedia sin título,* «Lady Macbeth no puede hablar cuando un oleaje de balas abate las rosas de los jardines». Por ello, el Autor-personaje rechaza el teatro convencional, proponiendo que se abran las puertas de la escena a lo que sucede en la calle. Como afirma García Lorca en una entrevista de 1935, «el teatro ha de recoger el drama total de la vida actual. Un teatro pasado, nutrido sólo con la fantasía, no es teatro»[42]. Por tanto, «en este momento dramático del mun-

---

[40] Sobre la presencia de Shakespeare en Lorca, Andrew Anderson, «Some Shakesperian reminiscences in Garcia Lorca's Drama», *Comparative Literature Studies,* vol. 22, núm. 2, verano de 1985, págs. 187-210.

[41] Para un análisis detallado de esta obra, ver el realizado por Marie Laffranque en el volumen, *Federico García Lorca. el público y Comedia sin título,* Barcelona, Seix Barral, 1978.

[42] *Obras completas,* pág. 1775. La actitud de Lorca mostrada en esta pieza está estrechamente vinculada a su preocupación por llevar al teatro a la calle, como lo demuestra su experiencia con *La Barraca,* «obra que me interesa, que me ilusiona más todavía que mi obra Literaria», Francis-

do, el artista debe llorar y reír con su pueblo. Hay que dejar el ramo de azucenas y meterse en el fango hasta la cintura para ayudar a los que buscan las azucenas»[43].

En *Comedia sin título,* la revolución estalla en el transcurso de una representación de *El sueño de una noche de verano,* como si ésta fuese la consecuencia lógica de la gran trascendencia que para Lorca tenía la historia contada por Shakespeare. El contenido de esta obra parece estar presente en la producción de García Lorca desde sus primeros poemas. Así lo demuestra una composición de 1917, hasta ahora inédita, que comienza «Yo estaba triste frente a los sembrados. / Era una tarde clara»[44]. En ella el poeta descri-

co García Lorca, *Federico y su mundo,* Madrid, Alianza, 1980, Ed. Mario Hernández, pág. 452.

[43] «Diálogos de un caricaturista salvaje», 1936, Lorca, *Obras completas,* pág. 1814. Su hermano Francisco ratifica esta postura afirmando que tal vez «no haya un poeta de su tiempo que tenga tantas declaraciones sobre la función social del arte, ni ninguno que haya tenido tanta fe en la capacidad de superación del pueblo», *Federico y su mundo, op. cit.,* pág. 452.

[44] Agradecemos a la Fundación García Lorca, y, en especial, a su Secretario General, Manuel Fernández Montesinos, el habernos facilitado este poema. Su texto aparece escrito por una mano diferente a la de Lorca, aunque la correción en el primer verso, de «arroyos», por «sembrado», y la fecha situada al final del mismo, «23 Octubre 1917», sí pertenecen a Lorca. Su título original, «Poemas tristísimos», aparece tachado, tal vez por su mismo compositor. La transcripción íntegra de su texto es la siguiente:

> Yo estaba triste frente a los sembrados.
> Era una tarde clara.
> Dormido entre las hojas de un librote,
> Shakespeare me acompañaba...
> «El sueño de una noche de verano»
> Era el librote.
>   Estaban
> Descansando en la tierra los arados.
> Y era tristeza humana
> La tristeza de aquellos armatostes
> Dormidos junto al agua.

be cómo «dormido entre las hojas de un librote / Shakespeare me acompañaba... / "El sueño de una noche de verano"». Después pasa a aplicar el contenido de esta obra a su

---

¡Qué hermosas son las nubes del otoño!
Lejos los perros ladran.
Y por los olivares lejanos aparecen
Las manos de la noche.
                    Mi distancia
Interior se hace turbia.
Tiene mi corazón telas de araña...
¡El demonio de Shakespeare!
¡Que ponzoña me ha vertido en el alma!
!Casualidad terrible es el amor!
Nos dormimos, y un hada
Hace que al despertarnos adoremos
Al primero que pasa.
¡Qué tragedia tan honda! ¿Y Dios qué piensa?
¿Se le han roto las alas?
¿O acaso inventa otro aparato extraño
Para llenarlo de alma?
¿Será Dios un artista medio loco?
¡Dame San Agustín tus manos pálidas!
¡Y tus ojos de sombra
Y tu llama...!

Estas flores tranquilas de la acequia,
¿Son como mis palabras,
Frutas para los dientes de los aires
Y después para nada?
Y esa encina que casi tiene boca,
Y brazos y mirada,
¿Dejará la hiedra de su espíritu
Para hundirse sin alma?
Y luego el corazón, ¿de qué nos sirve?
Para dejarlo en una senda larga
Colgado en otro pecho,
O enterrarlo bajo la nieve blanca,
Cuando sentimos sobre nuestra frente
El frío de las canas,

....

situación personal, expresando el gran impacto que le había producido su lectura.

> ¡El demonio de Shakespeare!
> ¡Qué ponzoña me ha vertido en el alma!
> ¡Casualidad terrible es el amor!
> Nos dormimos, y un hada
> Hace que al despertar adoremos
> Al primero que pasa.
> ¡Qué tragedia tan honda! ¿Y Dios qué piensa?
> ¿Se le han roto las alas?

En este poema parece estar el germen del tratamiento que Lorca hará posteriormente de este tema. El escritor ve la obra de Shakespeare bajo un único aspecto, la «casualidad terrible» del amor. La historia de Titania y el asno no es para Lorca un relato alegre, a pesar del tono empleado por su autor, sino una «verdad terrible», como afirma el Autor-personaje de *Comedia sin título*. Una verdad que, en la subjetividad de Lorca, parece estar unida a la condición de que «el amor nace con la misma intensidad en todos los planos de la vida», ya que con estas palabras aparece definida en el prólogo a su primera obra teatral, *El maleficio de la mariposa,* donde también habla de la «flor» de Shakespeare.

Esta obra de Lorca, que podría ser una primera versión del tema shakesperiano, enlaza directamente con lo que el

---

> ¡Qué lejos está el monte!
> > ¡Amigo William!
> ¿Me escuchas? ¿Sí?
> > (Las ramas
> Secas de los árboles
> Suspiran en silencio sobre el agua)
>
> * * *
>
> ¡Cuánta sombra! ¡Dios mío!
> Ya me acuerdo de ti... Ya la esperanza
> Como una flor echa su polen de oro

35

autor nos va a contar en *El público,* donde también la casualidad del amor ocupa un lugar predominante. «Todo es cuestión de forma, de máscara», y, por lo tanto, «Romeo

———————

Sobre mi frente mala.
¡Gracias Señor!
　　　　Dos sombras silenciosas
Por el camino pasan.
Una es el geniecillo de Descartes
La otra sombra es la Muerte...
Yo siento sus miradas
Como besos de plomo sobre mi piel.
¡Se han callado las ranas!
¡Ya se alejan! ¡Ay, cual es el camino
Que conduce a mi casa!
¿Es éste? ¿Es aquél? ¿O esa vereda?
¡Qué confusión!...
　　　　　¡Las ranas
Empiezan muy piano sus canciones,
Todas desconcertadas!
Y ya donde se cruzan los caminos
Veo sobre la montaña
Una caricatura de la esfinge,
¡Riendo a carcajadas!

* * *

Luego pensé en mi habitación a solas
Y al calor de mi lámpara.
Todos vivimos en el bosque negro,
Que Shakespeare se inventara.
Hay quien se siembra lirios en el pecho
Y le nacen ortigas.
Hay quien canta
Creyendo que es alondra matutina,
Y está muda su flauta.
¿Pero Señor el corazón es cosa
Tan frágil y tan falsa?
Pienso serenamente en mi tristeza.
Es ya la madrugada,
Y veo en cada silla de mi cuarto
sentado un gran fantasma.

23 Octubre 1917

puede ser un ave y Julieta una piedra. Romeo puede ser un grano de sal y Julieta puede ser un mapa», «¿Es que Romeo y Julieta tienen que ser necesariamente un hombre y una mujer para que la escena del sepulcro se produzca de manera viva y desgarradora?». En *El público* el autor va a mostrar esta verdad en primer plano, sin utilizar el lenguaje simbólico de *El maleficio de la mariposa*. Esto afecta a la estructura central de la obra, donde el cambio de formas de sus personajes principales constituye el eje fundamental de su trama al haber establecido el autor una identidad entre la diferencia de formas que puede adquirir el amor en la vida real y el cambio en el aspecto externo que conlleva el teatro. También parece repercutir en la concepción dinámica y no conclusa de la pieza, que utiliza el ilogicismo y la ausencia de hechos objetivos, como sus principales recursos, según analizamos más adelante.

El tema tratado por Lorca en *El público* aparece en muchas de sus obras, además de la ya citada *El maleficio de la mariposa*, como en *Amor de Don Perlimplín con Belisa en su jardín*, en *Bodas de Sangre* o en *Doña Rosita la soltera*, que no son sino variaciones de este mismo aspecto. La casualidad del amor, como una fuerza extraña, ajena a la voluntad de sus protagonistas, que los arrastra a un final trágico. De hecho, podríamos decir que esta idea aparece casi siempre unida a la expresión del tema amoroso en García Lorca. Esta misma historia estaba también en la base de otro proyecto teatral, donde un joven se enamora de una jaca, trasposición evidente del relato de Shakespeare[45].

_____

[45] En esta obra, el amor del joven por la jaca es sabido por su padre, que mata al animal, lo que lleva al protagonista a cometer un terrible parricidio. Así nos lo cuenta Rivas Cherif en las palabras introductorias a su *Romance de la Bestia hermosa* escrito por este autor en memoria de Federico, durante sus años de cárcel, posteriores a la Guerra Civil. Sin embargo, en este romance, Rivas Cherif cambia el argumento, haciendo que muera el protagonista, después de matar a su padre, mientras la jaca da a luz un centauro. (Agradecemos a Enrique de Rivas, así como a Juan

El matiz trágico que Lorca ve en *El sueño de una noche de verano* aparece ya en la composición de 1917, antes mencionada. El poeta se siente angustiado ante este sentimiento, «¡Cuanta sombra, Dios mío! /... / Sobre mi frente mala». «Todos vivimos en el bosque negro / Que Shakespeare se inventara». Estas imágenes van a tener repercusión en su trayectoria posterior. La sombra que el autor ve en su vida como trasposición de la muerte («La otra sombra es la Muerte»), la personifica Lorca en la interpretación que realiza para la Barraca de este personaje de *La vida es sueño* de Calderón de la Barca. En esta obra, según veremos más adelante, aparece el mismo sentimiento de culpabilidad que vemos en este poema, y que se manifiesta igualmente en la creación de Lorca, antes mencionada, *El maleficio de la mariposa.*

También el «negro bosque» de Shakespeare se va a reflejar en su producción posterior. Lo vemos en la decoración de *El público,* en la «inmensa hoja verde lanceolada» del cuadro tercero, y en el «grupo de árboles con nubes grabadas en la pared», del cuadro sexto, para representar el teatro al aire libre. Su presencia nos indica que, a pesar de estar en el teatro al aire libre, no nos estamos moviendo en un mundo realista, sino en el terrible bosque de Shakespeare. Esto hace que la única decoración realista de la obra sea la del espacio literario del sepulcro de Julieta, como veremos. Igualmente, el verso de este poema «¡Qué hermosas son las nubes del otoño!» (evocación de las palabras de Romeo en su despedida de Julieta en la obra de Shakespeare) tiene su repercusión directa en *El público.* El Caballo Blanco va a repetir en el cuadro tercero del drama las mismas palabras utilizadas por Romeo: «Mira, amor, qué maliciosos rayos

Aguilera el habernos facilitado este texto). Mario Hernández recoge el argumento de esta futura obra de Lorca, posiblemente titulada *El hombre y la jaca,* de labios de Manuel Altolaguirre, «Últimos proyectos literarios de García Lorca», *La casa de Bernarda Alba,* Madrid, Alianza, 1984.

de luz entrelazan las rotas nubes allá en Oriente[46]. Esta expresión no aparece transcrita directamente en *El público,* sino que únicamente encontramos la indicación del autor, que señala «palabras de Shakespeare». La identificación realizada por Martínez Nadal entre la acotación de Lorca y las palabras de *Romeo y Julieta* parece acertada, no sólo por la imagen de las nubes, que aparece también en su poema de 1917, sino por la mención al ruiseñor y a la alondra, existente asimismo en esta escena de Shakespeare, esta vez, en boca de Julieta.

> ¿Te vas a marchar? Todavía no está cerca el día.
> Era el ruiseñor, y no la alondra,
> lo que traspasó el temeroso hueco de tu oído.
> Por la noche, canta sobre ese granado.
> Créeme, amor, era el ruiseñor[47].

Este ruiseñor que todavía permite a los amantes seguir amándose, pero con un amor que acabará en la muerte, tendrá una gran importancia en *El público* (y en toda la obra de Lorca) como símbolo de una muerte por amor, según veremos. Mientras, la alondra citada por Julieta es recogida también en esta composición de 1917, al decir su autor «Hay quien canta / creyendo que es alondra matutina, / y está seca su flauta». La alusión que encontramos en este poema (dedicado a *El sueño de una noche de verano*) de este pasaje de *Romeo y Julieta,* explica, asimismo, la mencionada asociación existente en *El público* entre estas dos

---

[46] Comienzo la escena V, acto III. La traducción es nuestra. William Shakespeare, *Romeo and Juliet,* Middlesex, Penguin Books, 1967.

[47] JULIET. Wilt thou be gone? It is not yet near day.
It was the nightingale, and not the lark,
That pierced the fearful holow of thine ear.
Nightly she sings on yond pomegranate tree.
Believe me, love, it was the nightingale.
La traducción es nuestra. William Shakespeare, *Romeo and Juliet, op. cit.,* pág. 127.

obras, como si estas dos facetas de la producción de Shakespeare fuesen una sola en la sensibilidad de García Lorca.

Sin embargo, Lorca se va a distanciar en *El público* del autor inglés, al escogerlo como contrapunto negativo de lo que no quiere hacer con este tema. Como dice el Director de escena, en esta pieza se pretende mostrar la realidad sin engaño alguno, sin «correr la cortina a tiempo» y sin valerse de «la flor de Diana» que la angustia de Shakespeare utilizó de manera irónica en *El sueño de una noche de verano.* Por eso «hemos levantado el techo y nos hemos quedado con las cuatro paredes del drama», porque «el verdadero drama es un circo de arcos donde el aire y la luna y las criaturas entran y salen sin tener un sitio donde descansar». Estas palabras parecen resumir la acción escénica de *El público,* donde la continua transformación de sus personajes, en el «bosque negro que Shakespeare se inventara», constituye la principal acción de su trama. De ahí que en esta obra se den «dramas auténticos», sosteniéndose «un verdadero combate que ha costado la vida a todos los intérpretes».

Lorca no podía enfrentarse de otro modo a este tema, de tanta repercusión en su vida personal, de otro modo, si quería tratarlo con autenticidad. En *El público* la distancia entre autor y personaje ha desaparecido. Los caracteres son la encarnación misma de este sentimiento, lo que provoca el tremendo dramatismo de la obra, asociado en *Comedia sin título* al estallido revolucionario. Vida y arte unidos, pero en *El público,* no a la realidad externa, sino al propio conflicto interno de su autor. En este sentido, *El público* sería la otra cara escénica del teatro de marionetas, propugnado también por la vanguardia, estando más cercano al teatro reflexivo de Pirandello o Unamuno, y a la explosión liberadora de la escena superrealista.

La necesidad de llevar la verdad al escenario es discutida en *El público* fundamentalmente en tres momentos de la obra: al comienzo y al final de la pieza, en los cuadros primero y cuarto, y en el cuadro quinto, cuando los Estudiantes reflexionan sobre lo sucedido en escena. Por tanto, esta consideración abre y cierra *El público,* aunque la actitud del Director con respecto a esta exigencia sea totalmente distinta en uno y otro momento de la pieza. En este sentido, la diferencia con el Director, que también aparece en *Seis personajes en busca de su autor* de Pirandello, es palpable. En la obra de Lorca este personaje no permanece al margen de la verdad que se quiere mostrar en el escenario, sino que forma parte esencial de ella, llegando a transformarse en diferentes caracteres del teatro bajo la arena.

En el cuadro primero de la obra, los Hombres 1, 2 y 3 tratan de convencerlo de la importancia de quitar «las barandas al puente» y mostrar «la verdad de las sepulturas», a lo que el Director de escena se resiste defendiendo todavía la convencionalidad del teatro al aire libre. «Pero usted lo que quiere es engañarnos. Engañarnos para que todo siga igual y nos sea imposible ayudar a los muertos». Sin embargo, la insistencia del Hombre 1, basándose en una relación anterior mantenida entre ellos (sucedida fuera de la acción de la obra), consigue no sólo que acceda al teatro bajo la arena, sino que forme parte esencial de su trama. «Lo reconozco todavía y me parece estarlo viendo aquella mañana que encerró una liebre»[48], «y otra vez que se puso dos rosas en las orejas el primer día que descubrió el peinado con la raya en medio».

---

[48] Martínez Nadal explica el contenido de esta liebre, símbolo de lujuria y fecundidad, *El público y Comedia sin título,* págs. 238 y 239.

Por el contrario, en el cuadro sexto, el Director defiende frente al Prestidigitador, principal exponente del falso teatro, la verdad en el escenario: «¡Qué cortina se puede usar en un sitio donde el aire es tan violento que desnuda a la gente y hasta los niños llevan navajitas para rasgar los telones!». La misma importancia de la trágica verdad que se quiere mostrar exige, según el Director, un tratamiento escénico acorde con su trascendencia, que aleja su teatro bajo la arena del apoyado por el Prestidigitador, y utilizado por Shakespeare en *El sueño de una noche de verano*.

> Si el amor es pura casualidad y Titania, reina de los Silfos, se enamora de un asno, nada de particular tendría que, por el mismo procedimiento, Gonzalo bebiera en el «music-hall» con un muchacho vestido de blanco sentado en las rodillas... Construyan ustedes un arco de alambre, una cortina, y un árbol de frescas hojas, corran y descorran la cortina a tiempo y nadie se extrañará de que el árbol se convierta en un huevo de serpiente.

El cuadro quinto del drama también recoge otra reflexión sobre este tema, realizada por los Estudiantes, las Damas y el Muchacho 1[49], todos ellos pertenecientes al plano objetivo de la obra[50]. Cada uno representa una postura ideológica distinta frente al cambio ocurrido en el personaje de Julieta durante la representación. Según el Muchacho 1, «El acto del sepulcro estaba prodigiosamente

---

[49] La numeración empleada por Lorca para designar este personaje no tiene continuación en la obra, lo que nos indica el carácter no definitivo del manuscrito del que disponemos.

[50] A este plano objetivo pertenecen también el Criado, que acompaña al Director en los cuadros primero y sexto, y el Traspunte, que aparece en el cuadro quinto anunciando a los Estudiantes la clase de retórica. Su función en la obra se limita a desempeñar los papeles que sus nombres indican. Ambos personajes forman parte, asimismo, de *Comedia sin título*, con funciones similares a las de *El público*. Esta semejanza vendría a ser un punto más de unión entre las dos obras.

desarrollado. Pero yo descubrí la mentira cuando vi los pies de Julieta»... «Eran demasiado perfectos y demasiado femeninos. Eran pies de hombre, pies inventados por un hombre». Las Damas, máximos exponentes del público del teatro al aire libre, reaccionan violentamente, llevadas por los prejuicios de una sociedad convencional. «Las voces estaban vivas y sus apariencias también. ¿Qué necesidad teníamos de lamer sus esqueletos?». Por el contrario, los Estudiantes apoyan lo sucedido en escena, pues «no son las formas disfrazadas las que levantan la vida, sino el cabello de barómetro que tienen detrás», «y si era un joven disfrazado no me importa nada», «no me queda tiempo para pensar si es hombre o mujer o niño, sino para ver que me gusta con un alegrísimo deseo»... «¿Y si yo quiero enamorarme de un cocodrilo?». «Te enamoras». «¿Y si yo quiero enamorarme de ti?». «Te enamoras también, yo te dejo, y te subo en hombros por los riscos».

Los Estudiantes comprenden que «el tumulto comenzó» porque «se amaban los esqueletos y estaban amarillos de llama, pero no se amaban los trajes y el público vio varias veces la cola de Julieta cubierta de pequeños sapitos de asco». Sin embargo, «Romeo puede ser un ave y Julieta puede ser una piedra. Romeo puede ser un grano de sal y Julieta puede ser un mapa», porque todo «es cuestión de forma, de máscara». Los Estudiantes refuerzan así el contenido fundamental de la obra, donde el cambio de formas característico del teatro, ilustra la verdad íntima que el autor se propone subir al escenario. De ahí, el desajuste producido en el caso de Julieta, cuyo «traje» femenino, cubierto «de pequeños sapitos de asco», no se adecúa a la identidad del «muchacho de quince años» que lo vestía, sustituyendo en el verdadero drama a la actriz del teatro convencional. La transformación externa es, por tanto, en *El público* el principal recurso teatral utilizado por Lorca para exponer su convencimiento en la «pura casualidad» del amor, si bien este cambio de formas ha de hacerse con autenticidad, sin ocultar la verdadera realidad de cada uno.

De este supuesto arranca la valoración negativa que se hace en la obra de la *máscara teatral,* símbolo para Lorca en este drama de la falsedad del teatro al aire libre[51]. El auténtico drama la rechaza, como sucede con el Hombre 1, el personaje más genuino del teatro bajo la arena, quien se reafirma en su identidad diciendo: «Yo no tengo máscara». Sin embargo, estas palabras encierran un doble significado, como casi todos los términos teatrales utilizados en *El Público,* expresando también la falta de hipocresía y falsedad en la vida personal.

> En medio de la calle, la máscara nos abrocha los botones y evita el rubor imprudente que a veces surge en las mejillas. En la alcoba, cuando nos metemos los dedos en las narices, o nos exploramos delicadamente el trasero, el yeso de la máscara oprime de tal forma nuestra carne que apenas si podemos tendernos en el lecho.

De nuevo aparece la ambivalencia característica de esta obra en que teatro y vida se funden, afectando a la configuración intrínseca de la pieza. El Hombre 1 basa la autenticidad de su amor por el Director precisamente en la ausencia de máscara y, por tanto, en la falta de hipocresía en su relación. «Te amo delante de los otros porque abomino de la máscara y ya he conseguido arrancártela». «Mi lucha ha sido con la máscara hasta conseguir verte desnudo».

La máscara simboliza en este sentido los convencionalismos sociales ante los que a veces hay que rendirse, como parece sugerir el Director, personaje menos decidido que el Hombre 1 a expresar abiertamente su sentimiento amoroso.

---

[51] Este tema de la máscara podríamos relacionarlo con lo anteriormente dicho acerca de *El público* como obra opuesta a un teatro en el que se potencie la teatralidad del arte escénico, como el de marionetas. En este sentido, resulta significativo que Gordon Craig titulase su revista dedicada al teatro *The Mask.*

> No hay más que máscara. Tenía yo razón, Gonzalo. Si
> burlamos la máscara, ésta nos colgará de un árbol como al
> muchacho de América.

Esta última alusión se repite dos veces en el drama, lo que tal vez nos pueda sugerir que fue un suceso real acontecido durante la estancia de Lorca en América lo que desencadenó *El público,* de modo semejante a como la historia de los campos de Níjar provocara *Bodas de Sangre.* El acontecimiento lo relata el Director en el citado cuadro primero, y en el cuadro tercero, «En América hubo una vez un muchacho a quien la máscara ahorcó colgado de sus propios intestinos», con la naturalidad del que se refiere a algo conocido. La máscara cuando no se la respeta, según el Director, puede provocar la muerte —«Vendría la máscara a devorarme»— lo que, como dice el Hombre 3, «Eso es el principio de un argumento». Y esto es exactamente lo que se cuenta en *El público,* la historia de una intransigencia social que destruye el intento del Director de dar un nuevo sentido a los convencionalismos, personificados en la máscara. De ahí que la obra lleve por título al máximo representante de estos convencionalismos, el público burgués que llenaba las salas comerciales de la época, y que no sabe aceptar las «verdades más inocentes» expuestas en el drama.

Esta negativa significación teatral de la máscara explica, igualmente, la presencia en la obra del llamado «Solo del Pastor Bobo», donde se hace una representación de este tema en tono burlesco.

> El pastor bobo guarda las caretas,
> las caretas
> de los pordioseros y de los poetas
> (...)
> Careta de la careta
> que era de yeso de Creta
> y se puso de lanita color violeta
> en el asesinato de Julieta.

El armario que aparece en el centro del escenario, «lleno de caretas blancas de diversas expresiones», teniendo cada una «su lucecita delante», vendría a ser el compendio de los diferentes papeles que se pueden representar en el falso arte escénico rechazado por Lorca. Frente a este convencionalismo del teatro al aire libre, simbolizado por la máscara, el autor sitúa el sentimiento amoroso como única posibilidad de redención para la escena. «En espera de que el amor rompiera con ímpetu y diera nueva forma a los trajes», convirtiendo así el cambio de formas que implica el teatro en expresión de un convencimiento íntimo, el de la casualidad del amor.

Trajes y personajes

Para desarrollar el tema de la casualidad del amor, Lorca utiliza una serie de personajes que van transformando su apariencia externa en los tres cuadros que constituyen el teatro bajo la arena: la última parte del cuadro primero y los cuadros segundo y tercero. Dichas transformaciones se inician con la ayuda de un biombo, elemento teatral que aparece también en Pirandello y en la obra de Unamuno *El otro,* sirviendo para desenmascarar, en el primer autor citado[52], la relación entre «la Hijastra» y «el Padre». En Unamuno permite materializar el conflicto de desdoblamiento de personalidad entre «el otro» y su doble, por lo que aparece interpuesto entre el protagonista y un espejo de luna, de forma que, al separarlo y tender las manos «a la imagen espejada como para cogerla de la garganta», «el otro» ve venir hacia él otras manos, lo que confirma sus sospechas de la existencia de ese otro personaje[53].

---

[52] *Seis personajes en busca de autor, op. cit.,* pág. 36.
[53] *El otro. El hermano Juan,* Madrid, Austral, 1981, pág. 31. Sobre la relación de *El público* con el teatro de Unamuno y Azorín, María Cle-

Con una finalidad semejante es utilizado el biombo por García Lorca, permitiendo el desdoblamiento de los caracteres[54], a la vez que descubre entre ellos una relación distinta a la existente en el «teatro al aire libre»[55]. De este modo los diferentes personajes con que se abre la obra, el Director y los tres hombres, Hombre 1, Hombre 2 y Hombre 3, vestidos con barbas y frac, quedan transformados al pasar por detrás del biombo. El Director, en «un muchacho vestido de raso blanco con una gola blanca al cuello», que «debe ser una actriz», mientras que el Hombre 2 aparece como «una mujer vestida con pantalones de pijama negro y una corona de amapolas» con «bigote rubio», y el Hombre 3 «con la cara palidísima y un látigo en la mano», llevando «muñequeras con clavos de oro». Sólo el Hombre 1 queda sin transformar, ya que no existen en él diferentes facetas de su sentimiento amoroso, que desde el comienzo hasta el final del drama se inclina hacia el Director, en su auténtica faceta de Enrique.

Estas transformaciones muestran la verdadera personalidad de los caracteres, cuya esencia radica en su variabilidad, y también la auténtica conexión existente entre ellos, poniéndose de relieve la relación amorosa entre el Director

menta Millán, «El público de García Lorca, obra de hoy», *Cuadernos Hispanoamericanos,* monográfico dedicado a Lorca, núms. 433-446, julio-agosto de 1986, págs. 399-407.

[54] García Lorca utilizará también biombos plegables en la representación de *El caballero de Olmedo* en La Barraca, como parte integrante de la renovación que quiere llevar a la puesta en escena de obras clásicas. Igualmente, el desdoblamiento de caracteres que encontramos en *El público* es semejante a los abundantísimos rostros superpuestos que aparecen en sus dibujos, indicando diferentes facetas de un mismo personaje.

[55] Asimismo, podemos señalar otra influencia de Unamuno (a quien Lorca conocía bien) en *Comedia sin título* cuando el Autor-personaje afirma «yo no soy un caballero ni quiero serlo. Soy un agonizante de Dios», demostrándonos lo cercanos que están los contenidos de estas dos obras a las posturas reflexiva y trascendente adoptadas por Unamuno en su teatro.

y el Hombre 1 (llamado Enrique y Gonzalo), así como entre el Director y el Hombre 3, quienes, a su vez, dicen amar también a Elena, otro de los personajes de este teatro bajo la arena. El Director se convertirá en el cuadro tercero en la «bailarina Guillermina y en la «Dominga de los negritos»[56], mientras los trajes abandonados en las sucesivas transformaciones van cobrando vida. Aparecen como caracteres autónomos, con cara de «huevo de avestruz», el pijama negro del Hombre 2, y con «careta amarilla pálida», el Traje de Arlequín del Director.

La figura de Arlequín, en que queda transformado este último personaje al manifestarse en su dimensión amorosa de Enrique, podríamos relacionarla con el protagonista del guion cinematográfico que García Lorca realizó, también durante su estancia en la ciudad neoyorquina, *Viaje a la luna*. En él aparece «un muchacho vestido de arlequín, cuyo cuerpo de adulto no cabe ya dentro de sus ropas y cuyo traje resulta triste y un poco absurdo en medio de su nuevo ambiente»[57]. La trama de este guion (compuesto de «agónicas imágenes de crueldad y angustia sexual» con «el penetrante horror de un choque violento entre la necesidad y el deseo»)[58] podría estar relacionada con la angustiosa búsqueda que en el fondo implican toda esta serie de transformaciones, a pesar del convencimiento del autor de que «el amor puede nacer con la misma intensidad en todos los planos de la vida». Esta búsqueda constante de una realización amorosa, expresada también con insistencia en las creaciones neoyorquinas[59], se hace patente de forma es-

[56] Probablemente «la negra Dominga, bailarina cubana de gran belleza», Martínez Nadal, *op. cit.,* pág. 190.

[57] Kevin Power, «Una luna encontrada en Nueva York», *Trece de nieve,* núms. 1-2, diciembre de 1976, pág. 142.

[58] Kevin Power, *op. cit.,* pág. 142.

[59] El concepto de búsqueda aparece con frecuencia en Lorca con esta significación. Así lo encontramos en el «Romance de la pena negra», donde Soledad Montoya dice «Vengo a bucar lo que busco, / mi alegría y mi

pecial en el cuadro segundo del drama, «Ruina romana», donde la Figura de Cascabeles y la Figura de Pámpanos, trasposiciones respectivas del Director y del Hombre 1[60], mantienen un diálogo amoroso aludiendo constantemente a posibles transformaciones. Igualmente, el personaje con «cara de huevo», antes citado, tendría conexión con el niño de «blanco rostro de huevo», que encontramos en los poemas neoyorquinos, objetivando la angustia íntima de su protagonista.

El escenario se convierte en *El público* en el vehículo que posibilita este cambio continuo de formas, como si la misma transformación constituyese la característica definitoria de estos personajes[61]. En varios de ellos, la ambigüedad que conlleva el cambio se concentra en una misma transformación, como en el caso del Traje de raso blanco del Director, que debe ser representado, según la acotación del autor, por una actriz, o en el del pijama negro con corona de amapolas del Hombre 2, que también debe vestirlo una mujer, aunque con bigote rubio. Los elementos masculinos y femeninos se mezclan en los diferentes personajes, que otras veces piden un lápiz de labios aunque su apariencia externa sea

---

persona». También en varias composiciones del periodo neoyorquino, como «Cielo vivo», donde el protagonista afirma que «lo que busco tendrá su blanco de alegría / cuando yo vuele mezclado con el amor y las arenas».

[60] El juego amoroso de estos dos personajes (posibles encarnaciones del bailarín Ciso y el dios Baco, Martínez Nadal, pág. 24) vendría a ser, a su vez, la ejemplificación y objetivación de las relaciones y sentimientos esbozados al final del cuadro anterior, del mismo modo que ese sentimiento se materializa en el personaje concreto de Soledad Montoya en el *Romancero gitano*.

[61] En este sentido, hay que señalar la relación existente entre esta obra y su guion de cine, realizado también en Nueva York, *Viaje a la Luna*, donde el cambio continuo de formas, expresado a través de imágenes superpuestas, constituye su principal recurso. Sobre este aspecto, María Clementa Millán, «*El público* de García Lorca, obra de hoy», *op. cit.*, pág. 405.

masculina. La ambigüedad femenino-masculino se muestra como una expresión más de la idea central que el autor quiere expresar en esta obra, en la que el cambio de formas no está reñido con la autenticidad del sentimiento amoroso.

Frente a estos personajes que se transforman y sobre los que recae la representación del juego amoroso, aparecen también formando parte del teatro bajo la arena otros caracteres cuya apariencia se mantiene invariable. Éstos son Elena, el Emperador, el Centurión, y los Caballos. Sin embargo, la razón de que su apariencia externa continúe inalterable no responde a la autenticidad de sus caracteres, como en el Hombre 1, sino a la causa contraria. Todos ellos están alejados del tipo de amor que el Director quiere mostrar en su teatro bajo la arena.

La figura de Elena encarna a la mujer en su faceta más negativa, como trasunto de Elena de Troya, portadora de muerte, apareciendo por ello «vestida de griega», y de forma semejante a la Muerte de Cocteau, como más adelante veremos. Esta personificación de lo femenino es buscada por los caracteres que todavía dudan sobre su identidad, como ocurre con el Director de escena, la Figura de Cascabeles (trasposición del Director) y el Hombre 3, siendo, a la vez, temida por el Emperador. El nombre de Elena reaparece en el cuadro quinto de la obra, encarnando a la esposa del profesor de retórica.

Ésta es considerada, igualmente, con carácter negativo, de forma que al morir su esposo, con «la primera bomba de la revolución», «trabajará tanto que tendrá que ponerse dos grifos en las tetas», subiendo «por las noches» «un caballo con ella a la terraza». «Precisamente ella fue la que vio, por una claraboya del teatro, todo lo que ocurría y dio la voz de alarma».

El personaje del Centurión, por el contrario, representa la visión grotesca de la potencia masculina, que tiene una mujer que «pare por cuatro o cinco sitios». «Yo tengo doscientos hijos y tendré todavía muchos más. ¡Maldita sea vuestra casta!». Éste acompaña al Emperador, que encarna la sexualidad impuesta desde el poder. Sin embargo, Lorca ironiza sobre este hecho, presentándonos un personaje casi grotesco, que teme a Elena y, al mismo tiempo, busca lo uno (al igual que el Hombre 1), pero que, a diferencia de éste, sabe que «nunca lo podrá tener», porque no existe autenticidad en sus sentimientos[62]. De ahí que la Figura de Pámpanos (trasposición del Hombre 1) diga al Emperador al final de «Ruina romana»: «deja mi cabeza de amor la ruina, la cabeza de uno que fue siempre uno»[63].

Los Caballos, divididos en cuatro blancos y uno negro, representan, los primeros, la fuerza viril en una relación que quiere ser heterosexual, porque todavía «nadan en la superficie». «Acostumbrados al látigo de los cocheros y las tenazas de los herradores tenéis miedo de la verdad». El Caballo Negro, por el contrario, ya se ha «quitado el último traje de sangre» «para que se sepa la verdad de las sepulturas»[64] y ha comprendido que el amor tiene que pasar su «luz por los

---

[62] Esta inautenticidad es expresada, igualmente, a través del comportamiento del Emperador con la figura del Niño que le sirve de heraldo. El Emperador se pierde con él entre las columnas, oyéndose entonces un grito, mientras el Emperador reaparece secándose el sudor de la frente y quitándose varios pares de guantes, los primeros negros, después rojos, y aparecen por último sus manos «de una blancura clásica». Según Marie Laffranque, tal vez podría ser «el asesinato de este Niño el contrapunto, como atroz sustitución, del rito homosexual al que alude José Ángel Valente, en el que, sobre un fondo de sangre, un hombre da a luz una estatuilla, como reparación o consagración del sacrificio genético», *El público. Cuadernos,* núm. 20, enero de 1987, pág. 32.

[63] Este uno sería la situación contraria a la «escisión misma, cuando las dos mitades escindidas no se complementan y el eros es opción de lo igual por lo igual», José Ángel Valente, «Pez luna», *Trece de nieve,* diciembre de 1976, pág. 201.

[64] Estos caballos de *El público* podrían estar explicados en las palabras de García Lorca en Nueva York, en 1930, en su «Elogio de Antonia Mercé, "La Argentinita"», donde afirma que «el poeta batalla con los caballos de su cerebro», Francisco García Lorca, *Federico y su mundo,* Madrid, Alianza, 1980, pág. 468.

calores oscuros». «¡Oh mar apoyado en la penumbra y flor en el culo del muerto!». Estos caracteres aparecen en el cuadro tercero del drama junto al personaje de Julieta, extraído de la obra de Shakespeare, por lo que tampoco se transforma su aspecto externo. Los Caballos Blancos intentan seducirla ofreciéndole una relación no auténtica. Sin embargo, Julieta, desengañada porque no puede encontrar el verdadero amor («es el engaño la palabra del amor, el espejo roto, el paso en el agua») los desprecia, refugiándose en el Caballo Negro, y volviendo a su sepulcro[65].

Este carácter negativo de los Caballos Blancos explica las frases del Hombre 1, también en el cuadro tercero, en las que se refiere a su sentimiento amoroso por Enrique, trasposición del Director: «No ha llegado la hora todavía de que los caballos se lleven un desnudo que yo he hecho blanco a fuerza de lágrimas». «Tenías que volver para mí, para mi amor inagotable, después de haber vencido las hierbas y los caballos». Estas hierbas aparecen, igualmente, en la obra, asociadas al acecho negativo de los Caballos. Así lo afirma el Director en el cuadro sexto del drama, al decir que su teatro bajo la arena no ha triunfado, porque «los caballos, el mar, el ejército de las hierbas lo han impedido». Esta imagen negativa de las hierbas (tal vez en esta pieza, las hierbas de la ruina «romana») aparece con gran frecuencia en la obra coetánea, *Poeta en Nueva York,* donde, asimismo, «tendremos que pacer sin descanso las hierbas de los cementerios».

Los caballos como grupo, sin especificar blancos o negros, aparecen también al comienzo de la obra como expresión de los impulsos de la pasión amorosa, según parece indicar el aparte del Director de escena en el cuadro primero. «Ya se ha inventado la cama para dormir con los caballos. Caballitos míos». Éstos representan la intromisión del

---

[65] La significación del personaje de Julieta se completa en nuestro apartado siguiente, *La fuerza del amor.*

teatro bajo la arena en el teatro al aire libre, por lo que son rechazados en un primer momento por el Director. «¡Fuera de mi casa, caballos! Caballos de mi corazón». Por eso cuando comienza el teatro bajo la arena, al final del cuadro primero, imploran «¡Misericordia! ¡Misericordia!», porque «ellos tienen miedo del público. Yo sé la verdad. Yo sé que no buscan a Julieta y ocultan un deseo que me hiere y que leo en sus ojos», porque «como los caballos nadie olvida su máscara», según se nos dice en el cuadro tercero.

Con todos estos caracteres, García Lorca construye su teatro bajo la arena con el fin de llevar la verdad a los escenarios. Esta verdad es asolada al final de la obra por la acción violenta del público, que da título al drama, ya que «la letra era más fuerte que ellos y la doctrina cuando desata su cabellera puede atropellar sin miedo a las verdades más inocentes».

La fuerza del amor

El Director de escena manifiesta tener como finalidad principal de su teatro el mostrar el «perfil de una fuerza oculta». Ésta es la fuerza del amor, tema de antiquísima raigambre en García Lorca, y que en *El público* aparece con características propias. El primer aspecto que podríamos destacar de su tratamiento en esta obra es la intensidad y casi exclusividad con que aparece[66]. La expresión de este sentimiento determina la configuración interna de la pieza, enfocada funda-

---

[66] La intensidad con que dicho tema se muestra en esta creación podríamos relacionarla con la influencia de las teorías de Breton, que conceden una importancia capital a *l'amour fou,* como vía fundamental para la autorrealización del hombre. Igualmente incitan a una mayor libertad expresiva, ya que, según Octavio Paz, «la libertad, el amor y la poesía» constituyen «el triángulo incandescente» del movimiento superrealista. *La búsqueda del comienzo (Escritos sobre el Surrealismo),* Madrid, Espiral/Fundamentos, 1974, pág. 86.

mentalmente a mostrar el teatro bajo la arena, al tiempo que define los distintos caracteres, según participen más o menos de la autenticidad de este sentimiento. La numeración empleada en la denominación de Hombre 1, Hombre 2 y Hombre 3, tal vez sea el ejemplo más palpable de este hecho, al indicar su grado de autenticidad amorosa, que va decreciendo conforme avanza la numeración[67]. Igualmente, la importancia concedida a este sentimiento establece las conexiones con otros autores que están presentes en el drama, como Shakespeare o Goethe, donde el tema del amor es asimismo esencial. También explica la dimensión trascendente de la obra, representada por la figura del Desnudo Rojo, personaje de claras connotaciones evangélicas, con el que el Hombre 1 presenta evidentes semejanzas. Como veremos, esta misma dimensión aclara las estrechas relaciones de este drama con el teatro de debate teológico de Calderón de la Barca, especialmente con sus autos sacramentales: *La vida es sueño* y *El gran teatro del mundo*.

La fuerza del amor mostrada en esta obra exige una absoluta autenticidad de entrega, de modo que los personajes que la padecen llegan a dar su vida por amor. Así sucede con los tres caracteres del teatro bajo la arena que experimentan verdaderamente este sentimiento, el Desnudo Rojo, el Director de escena y el Hombre 1, estos últimos en su dimensión amorosa de Enrique y Gonzalo, respectivamente. Con estos personajes el autor construye su historia amorosa, pero con dos dimensiones superpuestas. La literaria, expresada a través del personaje de Julieta, extraída de la obra

---

[67] De estos tres personajes, el que aparece caracterizado de forma más negativa es el Hombre 3, que llega a amar a Elena y pretende seducir a Julieta. Al transformase, lo hace «con la cara palidísima y un látigo en la mano», con «muñequeras con clavos de oro», en ostentación de una falsa fuerza, semejante a la mostrada por el Emperador y el Centurión.

de Shakespeare, y la trascendente, mostrada por el «Desnudo Rojo coronado de espinas azules»[68].

La relación entre estos tres personajes se establece en la obra a través de símbolos relacionados con el sentimiento amoroso, como el canto del ruiseñor: «Uno de los máximos símbolos emblemáticos del tema del amor» en García Lorca, entendiendo este sentimiento como «la expresión más alta de la vida... que puede ser causa activa de una muerte de amor»[69]. Este ruiseñor se oye en dos momentos de la obra, cuando el Traje, ya vacío de Arlequín, en el que se había desdoblado Enrique, empieza a buscar desesperadamente a su dueño[70], con las expresiones de «¡Enriqueeee!» «¡Enriqueeeeee...!» (que

[68] La conexión de estos tres caracteres, representando cada uno de ellos planos distintos de la obra, nos lleva una vez más a relacionar esta creación con los poemas neoyorquinos. En ellos igualmente aparece esta variedad de aspectos: el mundo íntimo del protagonista (de «un poeta que soy yo», como afirma el autor en su conferencia sobre estas creaciones), su relación con el mundo que le rodea (representado en la urbe neoyorquina) y la dimensión trascendente de la actitud del protagonista que se muestra en el poema «Nueva York. Oficina y denuncia». En él el poeta se ofrece a «ser comido por las vacas estrujadas» para salvar la clase de humanidad que él reclama. Asimismo, la reflexión acerca de cuál debe ser la función del teatro y la responsabilidad del dramaturgo, existente en *El público*, sería comparable a la que encontramos en las creaciones neoyorquinas, donde el autor ha decidido abandonar el juego y el distanciamiento de composiciones anteriores para llevar la verdad a la poesía.

[69] Mario Hernández, *Federico García Lorca, Diván del Tamarit. Llanto por Ignacio Sánchez Mejías. Sonetos*, Madrid, Alianza, 1981, págs. 20 y 19 respectivamente. El autor muestra cómo el canto del ruiseñor aparece con este significado en *Don Perlimplín*, quien afirma: «Herido, / muerto de amor. / Decid a todos que ha sido / el ruiseñor».

[70] La aparición en escena de este traje vacío está íntimamente unida al uso de esta imagen en otras obras españolas de influencia superrealista, donde también se utiliza para expresar la angustia del protagonista. Así la encontramos en la poesía y el teatro de Rafael Alberti (recordemos *El hombre deshabitado*) y en los poemas neoyorquinos de Lorca, donde «Hay un dolor sin huecos por el aire sin gente / y en mis ojos criaturas vestidas ¡sin desnudo!», generando todo un campo semántico del hueco. Sobre este aspecto, María Clementa Millán, *Léxico de muerte en García Lorca*, Tesis de Licenciatura, Madrid, Universidad Complutense, 1974.

nos recuerdan el *Fausto* de Goethe, como veremos) y al morir el Desnudo Rojo diciendo «Todo se ha consumado», mientras dos Ladrones entonan «Santo. Santo. Santo»[71]. También se alude a su canto en la representación de *Romeo y Julieta* del teatro bajo la arena, cuando este último personaje era un muchacho de quince años. El Estudiante 4 señala cómo «se amaban con un amor incalculable, aunque yo no lo justifique. Cuando cantó el ruiseñor yo no pude contener mis lágrimas». Sin embargo, no llega a oírse, a pesar de haber invocado su canto, cuando el Hombre 3 intenta seducir a Julieta en el tercer cuadro, oyéndose entonces «la bocina de un barco» como exponente de una falsa relación amorosa que quiere iniciar.

El hecho de que en esta escena del sepulcro no cante el «verdadero ruiseñor» tiene una gran importancia para entender la significación de este símbolo dentro de *El público*, y también la recreación del personaje de Shakespeare que hace García Lorca en este drama. Julieta aparece como si hubiera sido trasladada de la obra de Shakespeare. Rodeada en su sepulcro de Verona, de la única decoración realista de toda la obra, «rosales y yedras», y haciendo referencia a su amor por Romeo, «Todo mi sueño ha sido con el olor de la higuera y la cintura del que corta las espigas». Sin embargo, en esta relación heterosexual, en la que Lorca intenta recrear la habida en la obra de Shakespeare, el elemento masculino no encierra un auténtico sentimiento, sino una

---

[71] La asociación de esta muerte con el canto del ruiseñor aparece ya intuida en *Don Perlimplín,* donde también encontramos la imagen quirúrgica que en la escena del Desnudo es representada por el Enfermero.

> Bisturí de cuatro filos,
> garganta rota y olvido.
> Cógeme la mano, amor,
> que vengo muy mal herido.
> Herido de amor huido.
> ¡Herido!
> ¡Muerto de amor!

falsa pasión. Ésta es representada por los Caballos Blancos, que ofrecen a Julieta ese falso «deseo que tan bien conozco». «Ya estoy cansada y me levanto a pedir auxilio para arrojar de mi sepulcro a los que teorizan sobre mi corazón». «A mí no me importan las discusiones sobre el amor ni el teatro. Yo lo que quiero es amar»[72]. Debido a este sentimiento, ella vuelve al sepulcro cuando el Hombre 3 pretende seducirla, temiendo la cercanía del canto del ruiseñor. En su lugar, se oye «¡El ruiseñor, Dios mío! ¡El ruiseñor!», la «bocina de un barco», como expresión de los falsos sentimientos del Hombre 3. Este amor no auténtico es representado, igualmente, por la presencia de «la careta» o máscara teatral en esta escena. El Hombre 3 utiliza una «careta de ardiente expresión» cuando quiere conseguir a Julieta, y ésta se refiere a este falso testimonio diciendo: «La luna lleva a las alcobas las caretas de la meningitis, llena de agua fría los vientres de las embarazadas, y apenas me descuido, arroja puñados de hierba sobre mis hombros».

La conexión entre la muerte de Gonzalo y la de estos personajes no se establece en la obra a través del canto del ruiseñor, sino por medio de otro de los principales símbolos utilizados por Lorca para expresar el sentimiento amoroso, el del pez luna. Éste representa la «realización-extinción» de un eros que niega la generación, en íntima conexión con la concepción negativa asociada a la luna en la producción de García Lorca[73]. Este pez luna, ya muerto, es entregado por unos pescadores a la madre de Gonzalo, al final de la obra, acompañado de la expresión «¡Aquí tienes a tu hijo!», de claras connotaciones evangélicas.

La significación de este símbolo cobra también un especial relieve en el cuadro segundo de la obra, *Ruina roma-*

---

[72] En esta expresión de Julieta parece estar sintetizado el contenido de *El público*. La doble reflexión sobre el amor y el teatro, nacida de una imperiosa necesidad de amor.

[73] José Ángel Valente, «Pez luna», *op. cit.,* pág. 201.

na, en el transcurso de los juegos amorosos entre la Figura de Cascabeles y la Figura de Pámpanos, trasposiciones del Director de escena y del Hombre 1, respectivamente. Su aparición en este diálogo muestra, una vez más, la íntima conexión entre los distintos personajes de la obra, expresando, en este caso, la identidad entre Gonzalo y el Hombre 1. Los distintos juegos amorosos son iniciados cada vez por un personaje diferente, terminando todos ellos en el pez luna, y en la imagen sangrienta del cuchillo. «¿Si yo me convirtiera en manzana?», «Yo me convertiría en beso». «¿Y si yo me convirtiera en pez luna?», «Yo me convertiría en cuchillo».

Este final ilustra en gran medida el carácter de la relación que se está dilucidando en la obra, totalmente ajena a un apacible sentimiento amoroso. Dicha vivencia lleva implícita una tensa relación entre los personajes, («¿Por qué me atormentas?», «pero yo no te sigo a los sitios a donde tú, lleno de sagacidad, pretendes llevarme») exponente de la violenta pasión existente entre ellos. «Si tú te convirtieras en pez luna yo te abriría con un cuchillo, porque soy un hombre, porque no soy nada más que eso, un hombre, más hombre que Adán[74] y quiero que tú seas aún más hombre que yo». «No me azotes». «¿Te figuras que tengo miedo a la sangre?». Esta violencia queda explícita en la lucha que mantienen el Director y el Hombre 1 en el cuadro tercero, teniendo como espectadores a Julieta y al Caballo Negro, que afirman: ¡Están luchando!». «Se aman.» En esta relación, la Figura de Pámpanos (Hombre 1) se muestra más firme que la Figura de Cascabeles, quien, dudando todavía de su identidad, invoca a veces el nombre de Elena. «Y lue-

---

[74] La aparición de este nombre en este contexto nos lleva a la composición así titulada, escrita el 1 de diciembre de 1929. En ella Lorca establece un paralelismo entre un Adán que «sueña en la fiebre de la arcilla / un niño que se acerca galopando», y otro «Adán oscuro» que «está soñando / neutra luna de piedra sin semilla / donde el niño de luz se irá quemando».

go vendría Elena a mi cama. ¡Elena, corazón mío!» En este juego amoroso, uno de los principales aspectos que se dilucida es el significado de la palabra «hombre», que no es el mismo para cada una de las figuras. Para la de Pámpanos, la inseguridad de los sentimientos de la de Cascabeles le hace apartarse de ser un verdadero hombre. «Pero tú no eres hombre. Si yo tuviera esta flauta te escaparías a la luna, a la luna cubierta de pañolitos de encaje y gotas de sangre de mujer.» Este tema, que late a lo largo de la obra, reaparece en el último cuadro, estrechamente vinculado a la necesidad de mostrar la verdad en el escenario. «¡Hay que destruir el teatro o vivir en el teatro! No vale silbar desde las ventanas». A esta afirmación del Director de escena, responde el Prestidigitador con unas palabras que recogen el trasfondo de la meditada reflexión que anima esta obra, «Si avanzas un escalón más, el hombre te parecerá una brizna de hierba».

El juego amoroso entre estas figuras es interrumpido por el Emperador, quien no permite la conflictiva, pero auténtica, relación entre estos caracteres. Éste exige la entrega de la Figura de Pámpanos, que al hacerlo se convierte en «un desnudo blanco de yeso». «Si me besas yo abriré mi boca para clavarme después tu espada en el cuello». Esta acción del Emperador, símbolo del poder que destruye el amor, es comparable a la que sucede en el cuadro quinto de la obra con el Desnudo Rojo, que morirá «cuando el Emperador se disfrace de Poncio Pilatos». A su vez, esta muerte del Desnudo enlaza dentro del drama con la ya citada del pez luna (la otra representación del Hombre 1, además de la Figura de Pámpanos) que es entregado a la madre de Gonzalo con las mencionadas palabras de «¡Aquí tienes a tu hijo!». También está relacionada esta muerte con la segunda, pero auténtica, representación de *Romeo y Julieta*. El Desnudo Rojo repite la frase: «Padre mío, perdónalos, que no saben lo que hacen», cuando ya había «llegado el juez y, antes de asesinarlos, les van a hacer repetir la escena del sepulcro».

La estrecha relación entre el Hombre 1 y el Desnudo Rojo es palpable igualmente en otros momentos de la obra: en el cuadro tercero, cuando uno de los personajes dice al Hombre 1 «Quédate, Gonzalo, y permite que te lave los pies», en otra escena de semejantes connotaciones evangélicas. Y también cuando en el cuadro quinto la cama vertical, sobre la que estaba el Desnudo, «gira sobre un eje», y «sobre el reverso del lecho aparece tendido el Hombre 1, siempre con frac y barba negra», diciendo:

> Agonía. Soledad del hombre en el sueño lleno de ascensores y trenes donde tú vas a velocidades inasibles. Soledad de los edificios, de las esquinas, de las playas, donde tú no aparecerás ya nunca.

Con estas desoladoras palabras del Hombre 1 termina la trama del teatro sobre la arena. El siguiente y último cuadro de la obra recogerá fundamentalmente las reflexiones del Director y el Prestidigitador sobre lo que ha sucedido en el escenario. También aparecerán en él el Traje vacío de Arlequín, que busca a su dueño Enrique, y la madre de Gonzalo, que pregunta desesperadamente por la desaparición de su hijo. El autor expresa de esta manera el terrible dolor que subyace en el contenido de esta obra. La soledad y angustia de las que brota su acción dramática, sólo comparable en la producción de García Lorca a la expresada en los poemas neoyorquinos, donde, como afirma su protagonista, en la «Oda a Walt Whitman», todo es «Agonía, agonía, sueño, fermento y sueño».

El fondo de este dolor parece residir en un conflicto amoroso, como así parecen indicarlo las palabras del Hombre 1, dirigidas a un interlocutor. «Soledad... donde *tú* vas a velocidades inasibles», «Soledad donde *tú* no aparecerás ya nunca»[75]. El protagonista muere por este amor, median-

---

[75] La cursiva es nuestra.

Soledad Montoya, dibujo original de García Lorca, como
dedicatoria de un ejemplar del *Primer romancero gitano* a Rafael
Suárez Solís. La Habana, 1930.

te un paralelismo con la figura de Cristo-Desnudo Rojo. El desgarro interior, que produce la imposibilidad de realización de esa «fuerza oculta», objetivada en la obra, lleva al autor a establecer esta comparación, que no es nueva en la producción de Lorca[76], pero que tal vez sea en este drama donde se muestra de manera más evidente. La encontramos en los poemas neoyorquinos («y me ofrezco a ser comido») y también, entre otras creaciones, en el trasfondo del «Romance de la pena negra». Lorca lo estableció en el dibujo que para este poema realizó en Cuba en 1930[77], en una fecha coetánea a *El público,* en el que Soledad Montoya (cuyo nombre nos recuerda las palabras del Hombre 1, anteriormente citadas) aparece vestida también de rojo, como el Desnudo, y al fondo se perfila una cruz con la palabra «Hombre» superpuesta[78].

Mediante esta compleja red de relaciones internas el autor pone al descubierto, de modo más evidente que en ninguna otra de sus obras dramáticas, su mundo interior. Pero al igual que sucede en las creaciones neoyorquinas, no es presentado de forma directa, sino valiéndose de una complicada estructura, donde se conjugan tiempos y perspectivas distintas, en estrecha relación con la trascendencia que para el autor presenta el tema que quiere subir al escenario.

---

[76] Este paralelismo entre el protagonista y la figura de Cristo aparece también en su guion de cine *Viaje a la luna,* donde el protagonista, transformado en un «hombre desnudo con las venas al descubierto», avanza con los brazos en cruz. Sobre esta obra, ver Marie Laffranque, *Federico García Lorca. Viaje a la Luna,* Loubressac, Braad Editions, 1980.

[77] *Primer romancero gitano,* dedicado por Lorca a Rafael Suárez Solís, La Habana, 1930. *Federico García Lorca. Dibujos,* Catálogo exposición, Madrid, 1986, dirigido por Mario Hernández, pág. 208.

[78] Sobre esta relación, María Clementa Millán, «Líneas de una biografía», *Federico García Lorca. Dibujos, op. cit.,* págs. 55-62.

Según afirma Francisco García Lorca en unas palabras que podrían ser aplicables a *El público,* «Federico quiso crear una entidad dramática y proyectar hacia el público una acción en la que la libertad de tratamiento viniera a potenciar, en términos poéticos, su dramatismo»[79]. Este objetivo está plenamente conseguido en esta obra, donde los recursos escénicos empleados acentúan la gravedad del tema contenido en su «perfil» dramático.

El primer elemento que contribuye a esta potenciación es el uso de dos tramas, la del teatro bajo la arena y la que transcurre en el mundo exterior, como ya vimos. Sin embargo, la dificultad de comprensión de esta obra no sólo radica en esta doble trama, sino en que tampoco se nos muestra con claridad la línea argumental que mueve la acción del teatro bajo la arena, ni el momento en que se produce el paso del mundo subjetivo al plano objetivo de la representación al aire libre[80]. Los enlaces lógicos entre las diferentes acciones se evitan, y sólo se nos cuentan algunos de los nexos lógicos que relacionan el teatro bajo la arena.

La expresión «Podemos empezar» del Director, al final del cuadro primero (con lo que comienza el diálogo entre la Figura de Pámpanos y la de Cascabeles), enlaza con la manifestación del Hombre 1, al comienzo del cuadro terce-

---

[79] *Federico y su mundo, op. cit.,* pág. 323.

[80] En las diferentes escenas los personajes se trasladan de una acción a otra, pasando con toda facilidad del mundo subjetivo del teatro bajo la arena al recinto escénico donde ha tenido lugar la representación del teatro al aire libre. Esto hace que convivan los Estudiantes, las Damas y el Traspunte con el Desnudo Rojo y el Hombre 1, como sucede en el cuadro quinto de la obra, donde más claramente se manifiesta esta coexistencia de ambientes.

ro, «Después de lo que ha pasado», refiriéndose a lo sucedido en la ruina. El cuadro quinto también empieza con otro enlace lógico, una «salva de aplausos», que indica que ya estamos en el teatro donde ha tenido lugar la representación, aunque haya «tumulto» y se pida «la muerte del Director de escena». Otros nexos lógicos son expresados por el Director en el último cuadro, en el que relata el momento en el que los personajes del teatro bajo la arena irrumpen en el teatro al aire libre, cuando «mis amigos y yo abrimos el túnel bajo la arena» y, al llegar al sepulcro, «levantamos el telón».

Este momento parece estar ubicado en el cuadro tercero, cuando «se abre el muro» de arena que constituye el decorado, y aparece el sepulcro de Julieta con la única decoración realista de toda la obra[81]. Sin embargo, no se nos especifica cómo sucedió, tal vez porque es difícil concretar el instante en que una trama —que pretende dar forma a un sentimiento, y por tanto transcurre en un tiempo interior— se inserta en una sucesión de hechos externos, como puede ser la representación de *Romeo y Julieta* que estaba teniendo lugar en el teatro convencional. Del mismo modo que también son difusos los puntos de unión entre el tiempo interior del protagonista de *Poeta en Nueva York* y el tiempo lineal que se desprende de la crónica poética de un viaje por tierras americanas, contenida fundamentalmente en los títulos de sus poemas y secciones[82].

---

[81] La publicación del cuadro cuarto, hoy desconocido, tal vez habría aclarado este cruce entre el mundo objetivo y subjetivo, aunque tampoco es probable que hubiese contenido una relación detallada de los hechos, puesto que aparecen descritos en el cuadro siguiente.

[82] Estos títulos denotan una cronología que se corresponde con el viaje real del autor: «Soledad en Columbia University», «Calles y sueños», «El lago Edem» y «La cabaña del Famer», «Vuelta a la ciudad», «Huida de Nueva York» y «El poeta llega a la Habana». Esta perspectiva lineal fue reafirmada por el autor en su conferencia sobre estas creaciones, en vivo contraste con el mundo íntimo que las domina. Sobre este aspecto, María Clementa Millán, «Sobre la escisión o no de Poeta en Nueva York de Fe-

La desorientación que producen en el espectador estas características —y por tanto la potenciación del dramatismo que llevan consigo— se intensifica además por la estructura quebrada de la pieza. Por ella, las distintas tramas, correspondientes a los diversos planos de la obra, quedan continuamente interrumpidas, en un proceso semejante al cambio continuo en la forma externa de los personajes, antes analizado. Como si la transformación constante de formas, presente en el contenido fundamental de la obra (la casualidad del amor, que puede adquirir distintas apariencias externas) afectase también a la propia estructura interna del drama. De este modo, la acción perteneciente al mundo objetivo, iniciada en el despacho del Director al comienzo de la obra, se ve interrumpida al final del cuadro primero por la entrada del teatro bajo la arena, al tiempo que esta acción, llevada a cabo por Elena, el Director y los tres Hombres (ya transformados al pasar por detrás del biombo), se quiebra bruscamente en el cuadro segundo por el diálogo entre la Figura de Pámpanos y la de Cascabeles. Éstos, a su vez, son el desdoblamiento de los principales personajes del teatro bajo la arena, iniciado en el cuadro anterior. Igualmente, esta última acción se rompe en el cuadro tercero con la reaparición de Elena y el resto de personajes del verdadero teatro, quebrándose, en el cuadro quinto, con lo que está sucediendo en el interior del teatro al aire libre, que, a su vez, contrasta con la acción del último cuadro, de nuevo en el despacho del Director.

La configuración de esta obra está, por lo tanto, muy alejada del esquema tradicional, ya que en ella parecen superponerse varias estructuras. Una circular, puesto que el drama termina en el mismo despacho del Director, donde había comenzado, aunque la actitud de este personaje haya cambiado a través de la obra. Otra paralela, que expresa la

derico García Lorca», *El Crotalón. Anuario de Filología Española,* núm. 2, Madrid, 1985, págs. 125-145.

contraposición entre los dos tipos de teatro, el que muestra la verdad en el escenario, y el convencional. Y por último, otra quebrada, en la que las diferentes acciones de cada uno de estos teatros se van contraponiendo.

Esta configuración interna refleja en sí misma la variedad de perspectivas contenidas en *El público* donde, al lado de una reflexión sobre el amor y el teatro, como apuntaba el personaje de Julieta, encontramos una objetivación plástica de estos contenidos íntimos. La reflexión puede estar representada por la estructura circular, que recoge fundamentalmente los razonamientos del Director sobre la necesidad o no de llevar la verdad al escenario y cuya conclusión final es «hemos de resistir». Por el contrario, el paralelismo establecido entre teatros distintos y la continua superposición de acciones podrían ser considerados como ejemplos en los que se perfilan dramáticamente los sentimientos e ideas que laten en el contenido de la obra. De ahí que no siempre estos perfiles dramáticos tengan entre sí un nexo de unión lógico, sino que vienen a ser como ejemplificaciones sueltas de diferentes aspectos del mundo interior del autor, de esa «fuerza oculta» que el Director se propone subir al escenario.

El cambio, lo deshilvanado y lo no compacto parecen estar en la raíz misma de *El público,* donde varias de las acciones vienen a ser la ejemplificación de la ejemplificación, el teatro en el teatro hasta la exhaustividad, como si fuesen la traducción a nuevos términos teatrales de los diferentes aspectos del conflicto íntimo que se está exponiendo. Así, la escena del Pastor Bobo sería la objetivación en tono burlesco del tema de la máscara presente en la obra, mientras la relación amorosa entre el Director y el Hombre 1 toma nueva forma teatral en el juego de aproximaciones y rechazos de la Figura de Cascabeles y la Figura de Pámpanos del cuadro segundo.

Igualmente, la escena del sepulcro entre Julieta y los Caballos podría considerarse como la traslación a un plano con trasfondo literario (el del drama de Shakespeare) del conflicto amoroso que se debate en la obra. De hecho, los personajes principales del teatro bajo la arena, el Director y los tres Hombres, parecen haber estado siguiendo casi como espectadores la acción desarrollada por Julieta y los Caballos. De ahí que cuando aparezcan de nuevo en escena lo hagan conociendo el cambio que ha tenido lugar en el escenario. «¡Basta, Señores!»... «Ya hemos dado el primer paso»... «Para que se sepa la verdad de las sepulturas»... «Sepulturas con anuncios, focos de gas y largas filas de butacas». El espectador de *El público,* no el que asistiría a la hipotética representación de *Romeo y Julieta,* lo que ve en realidad de la escena de Julieta es la traslación literaria a nuevas formas teatrales de lo que estaría sucediendo en el teatro al aire libre, cuando, como cuenta el Director, él y sus «amigos» «al llegar al sepulcro levantamos el telón». Sin embargo, esta acción no la vemos representada, y, en su lugar, se nos ofrece su traducción a otros perfiles dramáticos: el teatro en el teatro dentro del teatro.

Esta última característica responde a uno de los aspectos fundamentales de la configuración interna de *El público,* donde por sistema se evita lo más obvio y objetivo, que es ofrecido al espectador sólo a través de referencias. Esto hace que lo contemplado en el escenario no se corresponda con lo relatado dentro de la obra, que rebasa en mucho la acción desarrollada en escena. Los acontecimientos más tangibles desaparecen de la trama de *El público,* para ser sustituidos por la alusión a su realidad[83]. Estas referencias unas veces son verbales y, otras, adquieren el perfil plástico de una nueva acción teatral,

---

[83] En este sentido, se puede señalar una estrecha relación entre esta obra y el teatro de Calderón, en especial en sus autos sacramentales *La vida es sueño* y *El gran teatro del mundo,* donde también hay una trasposición de términos entre realidad objetiva y realidad representada, como analizaremos en el apartado dedicado a este último autor.

que sólo indirectamente nos lleva al hecho tangible que está representando.

Este complicado proceso, por el que la realidad de lo evocado desaparece, y sólo nos queda su representación, explica el por qué la mayor parte de los hechos objetivos del teatro al aire libre no aparecen en la obra, y únicamente tenemos acceso a ellos a través de las alusiones verbales de los personajes. Tampoco se muestran en el drama las verdaderas acciones del teatro bajo la arena, de las que sólo conocemos sus traslaciones a nuevas formas teatrales, como sucedía con la escena de Julieta, o con la de las dos Figuras de «Ruina romana». Estas últimas únicamente son una ejemplificación teatral, mientras que lo ocurrido realmente permanece oculto. Así parecen indicarlo las palabras del Director al Hombre 1 en el cuadro tercero, «¿No me has besado ya bastante en la ruina?», y las que tienen lugar en el cuadro quinto entre el Desnudo Rojo y el Enfermero.

> DESNUDO. ¿Y qué dicen de mí?
> ENFERMERO. Nada.
> DESNUDO. Y de Gonzalo, ¿se sabe algo?
> ENFERMERO. Lo están buscando en la ruina.

Esta ausencia de lo más tangible, como característica fundamental de la acción de *El público,* afecta también a los personajes, ya que lo que conocemos de ellos son trasposiciones dramáticas de sus caracteres y no a los protagonistas mismos. Enrique y Gonzalo, que son en realidad los caracteres principales, no tienen entidad corpórea en la obra, y por tanto no aparecen nunca en el drama, como refleja el diálogo entre el Desnudo y el Enfermero, antes reproducido. Sólo conocemos sus nombres y las transformaciones que de ellos se nos muestran, como las dos Figuras, el Traje de Arlequín, el de Bailarina, el Desnudo Rojo, etc.

De la realidad, ya sea objetiva o subjetiva, únicamente se nos muestra un espejismo, que tal vez sea para el autor la auténtica verdad. Ésta aparece estrechamente relacionada dentro de la obra con lo que de ilusorio hay en el cambio de formas, exponente, a su vez, de la casualidad del amor. Este carácter de *El público* explica, igualmente, su vinculación al teatro de Calderón, a la ilusión de realidad que también se plantea en *La vida es sueño* y *El gran teatro del mundo,* como después veremos.

Esta misma característica, de ausencia de lo más palpable, se da también en esta obra, en el tratamiento del tiempo y del espacio. El tiempo objetivo no existe, y sólo aparecen aisladas referencias temporales, que más que situar al espectador en una sucesión de hechos, lo desorientan. El Enfermero señala al Desnudo Rojo que se ha «adelantado dos minutos» para decir «Padre: en tus manos encomiendo mi espíritu», pero no sabemos con respecto a qué referencia horaria se ha producido este adelanto. No se establece ningún punto temporal objetivo y, en su lugar, encontramos una referencia simbólica, «Es que el ruiseñor ha cantado ya». Igualmente, el Director de escena parece declarar al Prestidigitador que la acción de su teatro bajo la arena duró tres días[84], pero tampoco se nos ofrece en la obra la cadena temporal necesaria para poder situar esta referencia. «Si yo pasé tres días luchando con las raíces y los golpes de agua fue para destruir el teatro».

La ausencia de tiempo objetivo es sustituida en el drama por un tiempo interior que responde, más que a una sucesión de hechos palpables, a las distintas facetas de la intimidad del autor. Este tiempo interior permite el fraccionamiento del universo íntimo en diferentes perspectivas,

---

[84] Esta duración parece ser simbólica, ya que coincide con el tiempo atribuido a la resurrección de Cristo. Estos mismos tres días aparecen en el auto de Calderón, *La vida es sueño,* como los transcurridos desde la caída del Hombre, su protagonista, hasta su resurgir, como después veremos.

encarnadas en personajes distintos, y el simultaneísmo de acciones[85], como desarrollo plástico de estos diferentes aspectos. «La corriente temporal del yo se dispersa en mil gotas coloreadas, como el agua de una cascada a la luz solar»[86]. Esto posibilita la dualidad de tramas y la pluralidad de acciones antes mencionadas, así como el desdoblamiento de los personajes. Éstos son, a la vez, «Director de escena», cuando lo que se está considerando es la responsabilidad de un dramaturgo ante su obra, y Traje de Arlequín, de Enrique, Bailarina Guillermina, y Dominga de los Negritos, si lo que se está tratando de mostrar es el «perfil de una fuerza oculta»[87].

En el tratamiento del espacio encontramos un proceso semejante. La realidad objetiva no se muestra plenamente en ninguno de los cuadros, ya que la única decoración realista que aparece en el drama responde a la del sepulcro de Julieta. Por el contrario, en el resto de los espacios escénicos que se nos muestran, las referencias al mundo objetivo se entremezclan con alusiones al universo íntimo en el que transcurre la obra. Los decorados que aparecen en los distintos cuadros así lo reflejan. En ellos dominan los elementos no realistas. La «mano impresa en la pared», y las ventanas que «son radiografías» del cuadro primero, la «luna

---

[85]   Como ampliación de este punto, María Clementa Millán, «*El público* de García Lorca, obra de hoy», *op. cit.*, pág. 404.

[86]   Octavio Paz, *La búsqueda del comienzo, op. cit.*, pág. 35.

[87]   Esta diversidad de perspectivas aparece asimismo concentrada en el contenido y los decorados que componen el cuadro quinto: «en el centro..., una cama de frente y perpendicular... Al fondo, unos arcos y escaleras que conducen a los palcos de un gran teatro. A la derecha, la portada de una universidad», representando, respectivamente, la citada dimensión trascendente, el plano objetivo del teatro convencional y una reflexión de lo sucedido en escena, llevada a cabo por jóvenes estudiantes universitarios, que defienden al Director y su verdadero teatro, sin atenerse a los convencionalismos sociales. «Y lo destruimos todo», «¡Alegría! ¡Alegría de los muchachos, y de las muchachas y de las ranas, y de los pequeños taruguitos de madera!».

transparente casi de gelatina» del cuadro tercero, la «cama perpendicular» del cuadro quinto, «la cabeza de caballo» y el «ojo enorme» del último cuadro, así como la «inmensa hoja verde lanceolada» y los «árboles con nubes apoyadas en la pared» de los cuadros tercero y sexto, como expresión del «bosque» de Shakespeare, antes mencionado. Frente a ellos, algunas pinceladas realistas, como «la portada de una universidad» y los «arcos y escaleras que conducen a los palcos de un gran teatro», en el cuadro quinto.

La función de estos elementos escenográficos, unas veces, es referencial, como la universidad y el teatro, del cuadro quinto, o el «muro de arena» del cuadro tercero, que nos indica que ya estamos en el verdadero teatro bajo la arena. Sin embargo, otras veces, su significado no está tan delineado, y más que servir de referencias espaciales para el espectador, lo que hacen es aumentar el desasosiego del que los contempla, al tener que buscar su significación en el complicado mundo interior que expresa la obra. Así sucede con la «cabeza de caballo» y el «ojo enorme» que aparecen en el último cuadro, cuya presencia se puede deber al hecho de que las pasiones encarnadas en los Caballos ya han sido derrotadas, mientras el Director ha visto con total clarividencia que es una lucha a muerte, pero que, como afirma el Criado, «hemos de resistir».

No obstante, ni aun en los casos aparentemente más referenciales, la realidad que se evoca aparece delimitada. La portada de la universidad del cuadro quinto no nos remite a un espacio que tenga entidad real en la obra, ni tampoco el despacho del Director de los cuadros primero y último corresponde totalmente a la realidad objetiva. El color «azul» de la decoración de esta estancia, que aparece también en el «Solo del Pastor Bobo», nos indica que es una entidad ilusoria, que, más que llevarnos al mundo real de un teatro, nos remite al concepto que se debate en la obra del falso teatro convencional. De ahí que la única decoración realista sea la del sepulcro de Julieta, aunque la realidad que nos enseñe pertenezca al mundo literario, y no al objetivo.

Además de estos elementos escenográficos, también se alude en la obra a algunos otros indicadores espaciales, como «los muros del gran almacén», donde el Director quiere esperar al Hombre 1 en el cuadro tercero, la «puerta» por la que ha de pasar Julieta para volver a su sepulcro[88], o la «torre» donde estaba encerrado el Estudiante 4 cuando vio a los Caballos «subir agrupados por la colina». Sin embargo, tampoco en este caso (y al igual que sucedía con los indicadores temporales) las referencias espaciales tienen aquí una misión orientadora. El espectador navega en un espacio no claramente identificable, en que se está desarrollando una representación teatral a través de lugares tan diferentes, como una ruina romana, o el espacio literario del sepulcro de *Romeo y Julieta,* dentro de un recinto teatral al que tampoco vemos. La elipsis de lo evidente es utilizada en esta obra como el mejor recurso para representar el carácter oculto del sentimiento que se quiere escenificar.

CONTAGIO SUPERREALISTA. COCTEAU

Si comparamos *El público* con el teatro superrealista francés veremos que no son demasiadas las características fundamentales de este movimiento que le han afectado, ya que no hay mucho en esta obra de onírico o subsconciente, y menos del humor o la ironía que señalábamos en las creaciones teatrales de este grupo. Por el contrario, nos encontramos con un drama casi reflexivo, donde la palabra es fundamental, a diferencia de otras creaciones de Lorca,

---

[88] Esta puerta aparece también en sus composiciones neoyorquinas con un significado semejante, como podemos ver en «Poema doble del lago Edem», «Déjame pasar la puerta / donde Eva come hormigas / y Adán fecunda peces deslumbrados».

arropadas también por la influencia superrealista, como *El paseo de Buster Keaton,* donde «el diálogo está al servicio de las acciones y movimientos de los personajes»[89], o el guion cinematográfico *Viaje a la Luna,* en que lo esencial es la imagen y no la palabra, careciendo por ello de diálogo[90]. Asimismo, tampoco podemos señalar en *El público* incoherencia ni ilogicismo en su configuración interna, sino una gran lógica que podríamos calificar de poética, donde casi todo parece cuadrar como en un perfecto rompecabezas, de forma semejante a cómo esta coherencia interna se manifiesta en las composiciones neoyorquinas, a pesar del ilogicismo de sus imágenes.

Estas características señaladas en *El público* responden a la posición adoptada por García Lorca frente al movimiento superrealista, del que tuvo conocimiento fundamentalmente a través de la vanguardia catalana, capitaneada por Dalí, y formada alrededor de la revista *L'Amic de les Arts.* Frente al automatismo defendido por el grupo francés, Lorca optó por la «lógica poética» de sus creaciones, a pesar de que cuando defendía esta posición estaba al comienzo de su acercamiento al superrealismo, en los años de sus prosas poéticas y de sus dibujos más próximos a este movimiento[91]. Posteriormente, esta lógica poética se acentuaría

---

[89] Virginia Higginbotham, «La iniciación de Lorca en el Surrealismo», *El surrealismo,* Madrid, Taurus, 1982, edición de Víctor García de la Concha, pág. 244.

[90] Francisco Aranda ha señalado también este aspecto al considerar *El paseo de Buster Keaton* como «una de las obras maestras del surrealismo español», «un poco por casualidad, si se quiere», mientras que *El público* es «de una cohesión mental tan madura como *Poeta en Nueva York»,* donde se «esboza también un problema trascendente a través de un lenguaje de osadas imágenes surreales, llevadas adelante con un paroxismo desgarrador, protesta y hasta insulto acusatorio, que hacen de ella la obra maestra del Lorca autor teatral», *El surrealismo, op. cit.,* págs. 89 y 114, respectivamente.

[91] Los años 1927-1928, cuando Lorca publicó varias de estas creaciones, en especial sus prosas «Nadadora sumergida» y «Suicidio en Alejan-

al realizar obras de mayor entidad literaria, como *Poeta en Nueva York* y *El público*[92].

Sin embargo, es innegable que esta última creación está dentro de la influencia superrealista, fundamentalmente por lo que este movimiento representó para Lorca de impulso liberador, haciéndole plasmar en las obras por él afectadas un mundo íntimo no expresado con tanta vehemencia en producciones anteriores. Esta importante repercusión cambió la perspectiva del autor hacia su obra, promoviendo la aparición de temas de una gran trascendencia para el escritor, cuyo dramatismo generó una compleja estructura que venía a intensificar su significación. Esta trascendencia hizo surgir en escena unos personajes que están más en función del yo del creador que de su propia individualidad como caracteres, apareciendo por ello denominados con nombres genéricos, como el Director, los tres Hombres, el Prestidigitador, etc., dependiendo de su relación con el mundo íntimo del autor[93]. Los únicos personajes que aparecen denominados en este drama con nombres propios son las dos mujeres, Julieta y Elena, representando cada una de ellas fundamentalmente lo que sus nombres culturalmente sugieren. Estos dos caracteres funcionan dentro de la obra como puntos de referencia frente a los cuales se definen el resto de los personajes masculinos, de ahí que su independencia frente al yo del autor sea mayor y, por tanto, necesiten del nombre propio para diferenciarse.

No obstante, donde la influencia superrealista se hace más patente dentro de *El público* es en la envoltura des-

---

dría», aparecidas en *L'Amic de les Arts* en septiembre de 1928, acompañadas de dos de sus dibujos más cercanos al superrealismo.

[92] Sobre los distintos recursos utilizados por García Lorca para conseguir esta «lógica poética» en *Poeta en Nueva York*, María Clementa Millán, *Poeta en Nueva York de García Lorca, contexto y originalidad,* Tesis Doctoral, Universidad de Harvard, 1984.

[93] Para un análisis más detallado de estos aspectos, Bárbara Sheklin Davis, «El teatro surrealista español», *El Surrealismo, op. cit.,* págs. 327-351.

orientadora que rodea la obra, afectando a todos aquellos aspectos que sirven para crear un ambiente de ilogicismo buscado por el autor para potenciar el dramatismo de la acción. Un lenguaje escénico menos complejo no habría posibilitado la expresión de tantos matices como encierra este drama, donde las reflexiones sobre el amor y el teatro se objetivan en acciones diversas, entremezcladas con reverberaciones de grandes autores teatrales, como Shakespeare, Goethe o Calderón de la Barca.

La desorientación característica de los dramas superrealistas podía atraer también a Lorca como vehículo expresivo por el que los grandes temas que quería exponer no aparecieran demasiado evidentes. El carácter «oculto» de la «fuerza» que va a escenificar parece incidir en el lenguaje dramático elegido, transmitiéndole esa misma necesidad de ocultación de lo evidente. Esta intención de no clarificar demasiado aparece expresamente en muchas de las correcciones realizadas por el autor sobre el manuscrito, donde elimina frases[94] o identificaciones de los personajes (por ejemplo, suprime repetidamente el nombre de Enrique cuando otros caracteres se dirigen a los desdoblamientos de este personaje, como podemos ver en el cuadro sexto)[95].

---

[94] Algunas de estas frases revelaban demasiado claramente, para los objetivos de Lorca en esta pieza, los temas claves de la obra. Así sucede en el cuadro sexto, cuando el Director sustituye la expresión «Yo hice el túnel para apoderarme de los trajes, y a través de ellos haber enseñado el perfil de una fuerza oculta», por «haber demostrado mi tesis» (Martínez Nadal, *Federico García Lorca. Autógrafos, II,* Oxford, The Dolphin Book Co., 1976, pág. 131). Esta corrección evidencia el carácter reflexivo presente en la obra, que coincide con otra de las rectificaciones realizadas por el autor en este mismo cuadro. Lorca suprime de él toda una intervención del Prestidigitador, «Usted llora porque todavía no se ha dado cuenta de que no existe diferencia alguna entre una persona y un traje» (Autógrafos, pág. 137), lo que aclara la significación del traje y del cambio de formas en esta pieza.

[95] En esta escena la madre de Gonzalo, vestida de luto, se dirige al Director: «Enrique ¿dónde está mi hijo?». Este último nombre aparece

El lenguaje escénico de *El público* participa de las características formales de un drama superrealista, donde no se reproducen ambientes realistas, se destruye el desarrollo lógico de la obra (sucediéndose las escenas sin enlace lógico alguno) y las realidades no objetivas cobran vida a través de personajes sin individualidad[96]. Todos estos aspectos se dan en *El público,* como hemos podido ver en el apartado anterior. Sin embargo, la madurez reflexiva a la que obedecen no coincide con los postulados superrealistas. Esto no impide que en esta obra se busque expresamente lo no compacto, pero no como finalidad última, sino como traslación a un lenguaje escénico de una meditada verdad interior.

Este acercamiento al superrealismo, pero manteniéndose en un difícil equilibrio entre la reflexión y el ilogicismo, se comprueba igualmente en las autocorrecciones del escritor sobre su manuscrito. En él están suprimidos algunos de los elementos vanguardistas más atrevidos que iban a aparecer en la obra, como una «hélice de ventilador» que llevaría sobre la cabeza el Niño que anuncia la llegada del Emperador o las figuras de otros tres hombres «envueltos en una sola tela llena de manos y pitos de goma»[97], que deberían aparecer en el primer cuadro de la obra. No obstante, todavía dejó Lorca algunos de estos elementos, como la lluvia de guantes blancos con que se cierra el drama, las radiografías[98] del primer cuadro o el «embudo lleno de plumas y ruedecillas» que lleva sobre la cabeza el Pastor Bobo.

---

tachado en el Ms., tal vez porque hacía demasiado patente la identificación entre el Director y Enrique.

[96] Sobre las características formales del teatro superrealista, Bárbara Sheklin Davis, *op. cit.,* pág. 341.

[97] Martínez Nadal, *Federico García Lorca. Autógrafos, op. cit.,* pág. 4.

[98] Este elemento, junto a los guantes de goma, bisturí, el personaje del Enfermero, etc., pertenece al lenguaje aséptico-quirúrgico utilizado por la vanguardia. Salvador Dalí lo usa en sus prosas poéticas de 1927-1928, como «Nadal a Bruselles» y «La meva amiga i la platja», publicadas ambas

También el lenguaje utilizado por los personajes encierra imágenes muy cercanas al ilogicismo proclamado por los superrealistas. Muchas de ellas son semejantes a las utilizadas por Lorca en su libro coetáneo *Poeta en Nueva York*. Por ejemplo, «último traje», «cangrejo devorado», «vientres de las embarazadas», «casas deshabitadas», «veneno de rata», «no sería un pecho de agua harapienta que llena de sanguijuelas la garganta» («con el agua harapienta de los pies secos», *Poeta)*, «abrió los escotillones», «el veneno de las venas falsas», «diminutas antorchas para entrar en el interior de las cerezas» («interior de las lechugas», *Poeta)*, etc. Imágenes todas ellas muy frecuentes en *Poeta en Nueva York*. Algunas parecen tener un mismo referente, como las que utiliza Julieta al final de su canción en el cuadro tercero, «¡Oh puro amianto de final! ¡Oh ruina!», que nos recuerdan las usadas en «Nocturno del hueco» («Piel seca de uva negra y amianto de madrugada») para describir la angustia íntima del protagonista. Asimismo, las palabras del Director para designar un determinado tipo de mujer, también en el cuadro tercero, como «Luna y raposa de los marineros borrachos», nos llevan a otra creación de la etapa neoyorquina, «Luna y panorama de los insectos (Poema de amor)» donde el poeta dice «Pero no la luna. / La raposa de las tabernas». Del mismo modo, uno de los Estudiantes se refiere en el cuadro quinto al falso teatro como «el veneno de las venas falsas», mientras en *Poeta en Nueva York* el autor describe su «Ciudad sin sueño» como «las copas falsas, el veneno y la calavera de los teatros».

Sin embargo, lo más semejante tal vez no sea el tipo de las imágenes utilizadas, sino el mecanismo que las engarza. En *El público,* al lado de expresiones totalmente coherentes, se emplea a menudo un lenguaje no fácilmente comprensi-

---

el 20 de noviembre de 1927 en *L'Amic de les Arts*. También lo encontraremos en la obra de Jean Cocteau, *Orfeo,* como más adelante veremos.

ble, donde imágenes diversas se relacionan mediante un entramado sintáctico que da verosimilitud a lo emitido.

> Ayer eran cuarenta y estaba dormida. Venían las arañas, venían las niñas y la joven violada por el perro tapándose con los geranios, pero yo continuaba tranquila. Cuando las ninfas hablan de queso éste puede ser de leche de sirena o de trébol.

Este recurso, característico de la «lógica poética» de los poemas neoyorquinos, es utilizado fundamentalmente en *El público* en el lenguaje de Julieta, como en el ejemplo citado, y en el de las dos Figuras del cuadro segundo, aunque su uso está presente en la mayor parte de los personajes del drama. La Figura de Cascabeles dice a la de Pámpanos: «Todo entre nosotros era un juego... No te lo había dicho nunca. Allí hay una vaca que guisa comida para los soldados», recordándonos el ilogicismo de la vanguardia, intensificado por la presencia de esta «vaca», muy frecuente en las películas del cine mudo de la época.

Todos estos elementos contribuyen a crear una importante sensación de ilogicismo dentro de la obra, semejante a la buscada por los superrealistas franceses. Tal vez la creación teatral más cercana a este movimiento y de mayor repercusión en *El público* fue la obra *Orfeo* de Jean Cocteau, representada en Madrid en 1928, con gran éxito, por el grupo «Caracol» de Rivas Cherif, como ya vimos. Esta obra pareció influir en Lorca, que sin duda asistiría a su representación, considerada como uno de los acontecimientos teatrales de la temporada. Cocteau interesaba mucho en la Residencia de Estudiantes[99], donde se apreciaba no sólo su

---

[99] Fracisco Aranda señala los «visos cocteaunianos» de *El público* aunque sin precisar en qué aspectos. «Cocteau parece que prendió entre los de la Residencia, ya que a Hinojosa lo acusaban de "que le gustaba Cocteau"», *El Surrealismo, op. cit.,* pág. 114. Asimismo Levin Power ha puesto de manifiesto la relación entre el título de la revista de Lorca, *El Gallo,*

creación literaria, sino también sus dibujos, que, igualmente, podríamos relacionar con algunos de los de Lorca, como el titulado «San Sebastián»[100].

Varios de los elementos utilizados por Cocteau en esta obra van a tener una repercusión directa en *El público* cuyo ilogicismo está conseguido fundamentalmente por la mezcla de ambientes y personajes, no correspondientes todos ellos al mundo objetivo. En *Orfeo,* su protagonista y Eurídice conviven con la Muerte, el Caballo, los ayudantes de la Muerte —Rafael y Azrael—, el Comisario, el Policía y el Escribano. Sus caracteres pasan de la vida a la muerte a través de los espejos, que son las puertas «por las que la Muerte va y viene»[101]. Esta fusión de planos aparece también en *El público,* donde el mundo de ultratumba está presente en el sepulcro de Julieta, cuya «puerta» también nos recuerda las existentes en *Orfeo.* La presencia del mundo clásico en la obra de Cocteau (reflejada en sus protagonistas) tiene asimismo repercusión en el drama de Lorca, en su cuadro segundo, «Ruina romana».

Igualmente, el Caballo que aparece en *Orfeo,* también blanco como en Lorca, está sobre el escenario desde el comienzo de la obra (al igual que sucede en *El público)* como indicador de la yuxtaposición de realidades contenidas en su trama. Su misma característica indica esta dualidad, al tener «piernas humanas»[102], que nos hacen pensar en los Caballos,

---

y el de la revista de Cocteau, de 1920, *Le Coq,* «Una luna encontrada en Nueva York», *Trece de nieve,* núms. 1-2, diciembre, 1976, pág. 151.

[100] Este dibujo, dedicado al tema de San Sebastián, tan cercano a la vanguardia (Salvador Dalí compondría una prosa poética con ese mismo título, dedicada a García Lorca), tiene una factura semejante a algunos de Cocteau, realizados también en tinta y sin colorear. En *Les Enfants terribles,* ilustrada por Cocteau en 1934, encontramos «dos biombos», que igualmente aparecen en *El público,* en el dibujo titulado «La noche de Isabel (los biombos)», Jean Cocteau, *Obras escogidas,* Madrid, Aguilar, 1969, prólogo de Juan Gil Albert, pág. 291.

[101] Jean Cocteau, *Obras escogidas,* op. cit., pág. 546.

[102] *Ibíd.,* pág. 523.

en gran medida humanos, de la pieza de Lorca. Asimismo, podríamos señalar la semejanza existente entre el personaje que encarna a la muerte en Cocteau, «una mujer joven, muy guapa, con traje de baile rosa vivo» y con «grandes ojos azules pintados sobre un antifaz»[103], y la caracterización de Elena en *El público,* con «cejas azules» y «sus muslos cubiertos con apretada malla rosada», según se nos dice en el cuadro primero. De igual modo, los guantes de goma que trae consigo la Muerte en *Orfeo* nos llevan al final de la obra de Lorca, donde «una lluvia lenta de guantes blancos, rígidos y espaciados» marca la entrada del público y, con ello, la muerte espiritual del Director de escena.

El Enfermero de *El público* también parece tener su réplica en la obra de Cocteau, en los ayudantes de la Muerte, que «llevan el uniforme, la mascarilla, y los guantes de goma de los cirujanos cuando operan»[104]. Este personaje sirve igual que ellos a la muerte, contribuyendo, en la obra de Lorca, a la del Desnudo Rojo. La posición sostenida en el aire de uno de los personajes de *Orfeo,* Rompecierzos, utilizando un nuevo sistema inventado por Georges Pitöeff[105], podría ser comparable, asimismo, a la situación

---

103   *Ibíd.,* pág. 523.

104   *Ibíd.,* pág. 539.

105   Director teatral, al que está dedicado *Orfeo,* que renovó la escena francesa a partir de 1925, actuando en Madrid en 1927, según consta en *La Gaceta Literaria,* núm. 4, pág. 23. El matrimonio Pitöeff interpretó a los protagonistas de esta obra, según consta en la relación de caracteres, realizada por Cocteau al comienzo de la pieza. Junto al texto de *Orfeo,* su autor incluía un dibujo de cómo debía estar dispuesto el escenario, y unas «Notas sobre la puesta en escena», donde explica cuáles debían de ser los mecanismos para que Rompecierzos apareciese sostenido en el aire: «Un tramoyista le mantiene con un cinturón invisible cuya hebilla pasa por debajo de su aparato de cristalero». «Este sistema, muy sencillo, encontrado por Pitöeff, es de un efecto extraordinario» *(Obras escogidas,* pág. 566). Estas especificaciones de Cocteau para facilitar la puesta en escena de una pieza, cuya escenografía es complicada, nos recuerdan las que realiza también Calderón de la Barca para la representación de sus autos, a los que acompaña de una «Memoria de apariencias». Ambos tipos de teatro ne-

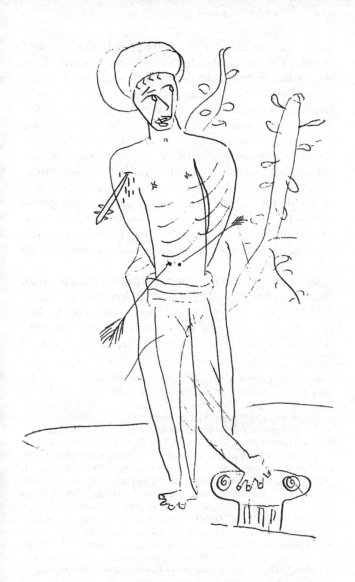

San Sebastián, dibujo original de García Lorca (1927-1928).

que se produce en el cuadro segundo de la obra de Lorca, cuando «Del techo cae un niño vestido con una malla roja», anunciando la llegada del Emperador.

También en *Orfeo* el amor ocupa un lugar destacado. Eurídice recrimina a su compañero que ame «al Caballo. Yo paso a segundo término»[106]. Esta falsa atracción se rompe en la obra de Cocteau con la muerte del Caballo, llevada a cabo por Eurídice, que, «por amor, ha matado al diablo, en la forma de un caballo, y por ello ha muerto»[107]. Una acción semejante tiene lugar en *El público,* donde los Caballos Blancos encarnan la falsa pasión amorosa de los protagonistas, por lo que en el último recuadro de la obra aparece sobre el escenario una «cabeza de caballo», indicando que esta relación no auténtica ha sido vencida.

Sin embargo, no sólo la importancia del tema del amor en las dos obras sirve de punto de unión entre sus contenidos[108]. También aparece en *Orfeo* esa otra temática literaria que caracteriza *El público.* Cocteau se propone en su obra dar cuerpo escénico a la expresión «Eurídice volverá

cesitan de una tramoya especial, como sucede también en *El público,* aunque en menor medida, según veremos más adelante.

[106] *Obras escogidas,* pág. 530.

[107] *Obras escogidas,* pág. 564.

[108] La relación entre *Orfeo* y *El público* también se puede señalar en la presencia común de unas «señoras» en Cocteau, y unas «Damas» en Lorca, que actúan negativamente ante la muerte de los protagonistas. Cuando Orfeo «cayó muerto ante su vista», estas señoras «Llegan a los gritos de "¡Escupid a Orfeo!". De repente, se abre la ventana. Orfeo, ensangrentado, aparece y pide socorro. Estas señoras se disponen a subir las escaleras» *(Obras escogidas,* págs. 560-561). Ambas obras tienen, igualmente, una composición no tradicional: trece escenas en Cocteau, y seis cuadros en Lorca, sin que su acción aparezca dividida en la distribución clásica de exposición, nudo y desenlace. La presencia de los espejos de Cocteau facilita la simultaneidad de acciones entre el mundo de la muerte y el de la realidad objetiva (representado por el Comisario, los Policías, etc.) de forma semejante a lo que sucede en Lorca entre el teatro al aire libre y el teatro bajo la arena.

de los infiernos», que «no es una frase. Es un poema, un poema del sueño, una flor del fondo de la muerte»[109]. De ahí que al final de la pieza Orfeo diga «Dios mío, os damos gracias por habernos asignado nuestra morada y nuestro matrimonio como único paraíso». «Os damos gracias por haberme salvado, porque yo adoraba la poesía y la poesía sois vos. Amén»[110]. El poema que movía la trama de la obra, «Eurídice volverá de los infiernos», se ha cumplido, y con ello el triunfo del amor sobre el mundo de la muerte.

Este tema, que nos recuerda el *Fausto* de Goethe y *El mágico prodigioso* de Calderón[111], no aparece, sin embargo, expresado en Cocteau de forma trascendente, sino a través del ambiente desenfadado característico de la mayor parte de las obras teatrales superrealistas. La escena que citamos a continuación contrasta vivamente con el dramatismo de *El público,* lo que nos indica que otros elementos, además de la vanguardia, entraron a formar parte de su composición.

> AZRAEL. *(Se acerca a las candilejas.)* Señoras, señores: la Muerte me encarga que pregunte a los asistentes si un espectador sería tan amable que nos prestase un reloj. *(A un señor que levanta la mano en la primera fila).* Gracias, señor. Rafael, ¿quiere coger el reloj del señor?[112].

---

[109] *Obras escogidas,* pág. 530.

[110] *Ibíd.,* pág. 564.

[111] También en el final de estas dos obras hay una acción de gracias a la divinidad por haber salvado a los amantes. En Goethe el «Doctor Marianus» dice: «Alzad el rostro a esa mirada / que puede daros salvación», mientras en Calderón son varios los personajes que contribuyen a hacerla: «¡Qué asombro!» / «¡Qué confusión!» / «¡Qué portento!» / «Todos estos son encantos / que aqueste mágico ha hecho / en su muerte».

[112] *Obras escogidas,* pág. 542.

Resonancias clásicas.
Goethe y Calderón de la Barca

En esa mezcla de reflexión e irrealidad que contiene *El público,* García Lorca se dejó contagiar fundamentalmente por tres autores: Shakespeare, Goethe y Calderón de la Barca. En los tres, el enfrentamiento a un tema fundamental de su existencia está mezclado con lo irreal y lo ilusorio, con la magia que en sí mismo contiene el teatro. Shakespeare en *El sueño de una noche de verano,* Calderón en *La vida es sueño, El gran teatro del mundo* y *El mágico prodigioso,* y Goethe en *Fausto* plantean ese terreno movedizo donde lo no objetivo es vehículo expresivo de una verdad esencial.

El tema del «sueño», presente en los títulos de las creaciones de Shakespeare y Calderón, la unión de teatro y vida en *El gran teatro,* y el «prodigio», por el cual el mundo diabólico de ultratumba aparece ligado a la realidad humana en *El mágico prodigioso* y en *Fausto*[113], eran aspectos totalmente cercanos a la sensibilidad mostrada por Lorca en *El público.* Como sucede en este drama, Shakespeare unió el tema de la casualidad del amor (de tanta resonancia en la obra de Lorca, como ya vimos) al mundo mágico de las hadas y al engaño de una «flor venenosa», utilizando igualmente el recurso del teatro en el teatro, de lo ilusorio dentro de lo ilusorio[114]. También Calderón vinculó, en las obras citadas, temas trascendentales (como la libertad humana, la realidad o irrealidad de la vida, y la consecución

---

[113] Esta conexión entre realidad objetiva y mundo de ultratumba aparece igualmente en la obra de Cocteau, *Orfeo,* como ya vimos, donde, además de la presencia de la Muerte, Eurídice mata al «diablo» en forma de caballo.

[114] En Cocteau también se da esta doble acción, a la que se accede a través del «espejo».

del amor) a la magia e ilusión definitorias del arte teatral. Y, finalmente, Goethe reunió en su obra *Fausto* el problema de la soledad intrínseca del hombre con el universo no objetivo de Mefistófeles.

Esta última creación, en la que están contenidos los principales valores del Romanticismo europeo, tuvo una gran repercusión en la pieza de Lorca, como se puede observar en varios aspectos de su composición dramática. Goethe hace decir a su protagonista que, «para no vivir enteramente arrinconado y solo, tuve que entregarme al diablo»[115]. De esta soledad del hombre romántico y de su altivo enfrentamiento a su destino parece nacer *Fausto,* en un intento de remontarse «por encima de mí mismo», después de no haberse sentido «ni por un momento satisfecho», según afirma su protagonista:

> Probó entonces mi espíritu el remontarse por encima de sí mismo. ¡Ahí podía luchar yo, ahí podía vencer! ¡Y es posible![116].

Una actitud semejante parece haber en *El público,* aunque la necesidad de «andar rondando lo eterno» de Goethe se convierta en Lorca en una necesidad de enfrentarse a un conflicto íntimo, como única vía posible de conocimiento de sí mismo. Este objetivo pareció cumplirse en esta pieza (y también en los poemas neoyorquinos) realizados ambos en una etapa, considerada por el autor como «la experiencia más útil de mi vida»[117], que dará paso al Lorca maduro de

---

[115] Johann W. Goethe, *Obras completas,* Madrid, Aguilar, 1973, tomo III, pág. 1402.

[116] *Obras completas, op. cit.,* pág. 1496.

[117] Expresión utilizada por el autor en su conferencia sobre *Poeta en Nueva York,* Eutimio Martin, *Federico García Lorca. Poeta en Nueva York. Tierra y Luna,* Barcelona, Ariel, 1981, ed. crítica, pág. 316.

los años 30. Esta raíz de insatisfacción que mueve ambos dramas podríamos atribuirla, asimismo, a los puntos de unión que enlazan el Romanticismo con varios autores del Grupo del 27, tachados de neorrománticos, y con actitudes, también comunes, al fondo igualmente romántico del movimiento superrealista[118].

Esta similitud de miras parece ser la causa de otras semejanzas existentes entre las dos obras, como la presencia de dos mundos diferentes en ambas creaciones, uno objetivo y otro no tangible. En Goethe este universo no objetivo es descrito como subterráneo, «aprendamos a apreciar lo subterráneo», dice Fausto[119] recordándonos el «teatro bajo la arena» de García Lorca. Estos dos mundos se entrecruzan, al igual que en *El público,* en un momento determinado de su trama. Éste se corresponde con el acto segundo de la segunda parte del *Fausto,* cuando volvemos al aposento del Doctor, después de haber vivido en ese otro mundo subterráneo, de forma semejante a cómo en la obra de Lorca regresamos al despacho del Director, donde había comenzado la trama. Igualmente, el templo con columnas, que aparece en *Fausto,* parece tener su correlato en el segundo cuadro de la obra de Lorca, el transcurrido en la «Ruina romana», donde las columnas y los capiteles constituyen una parte esencial de su escenografía[120]. Este lugar se muestra

---

[118] La relación entre estos dos movimientos la establecieron expresamente algunos de los escritores de este grupo, como Rafael Alberti, que utiliza como verso clave para su obra de influjo superrealista, *Sobre los ángeles,* un verso de Bécquer, «Huésped de las nieblas». También Cernuda lo hizo al titular una de sus creaciones *Donde habita el olvido.*

[119] *Obras completas,* pág. 1314.

[120] Este segundo cuadro de Lorca es, a la vez, un punto de unión con la obra de Cocteau, como ya vimos, cuyo argumento presenta, igualmente, concomitancias con la obra de Goethe. Es interesante destacar que, en estas tres obras, los respectivos autores hayan elegido un ambiente clásico para situar una acción no identificada con la realidad objetiva. De igual manera hace Shakespeare en su obra, *El sueño de una noche de verano,* que transcurre en el «palacio de los duques de Atenas».

en *Fausto,* mediante el recurso del teatro en el teatro, cuando se abren las paredes (como en Lorca sucede con el «muro de arena») para que «empiece el drama».

> Merced al poder mágico, aparece aquí a la vista un templo antiguo, bastante sólido,..., yérguense aquí en fila buen golpe de columnas,... que dos de ellas soportaron ya en otro tiempo un ingente edificio[121].

También existen personajes comunes entre las dos piezas, como un Director de escena que reflexiona sobre la obra que está presentando. Este personaje, al igual que en Lorca, rechaza el público convencional, ya que «no están hechos a lo mejor y sólo tienen llena la cabeza de espantables lecturas»[122]. También medita sobre el hecho teatral, que debe conseguir (como, asimismo, señalaban los superrrealistas) que «la muchedumbre se quede boquiabierta de asombro», al llegar «con reflexiva rapidez del cielo a los infiernos, pasando por el mundo»[123].

Otros personajes comunes a *Fausto* y *El público* son las figuras de Elena y el Emperador. Elena como expresión de la hermosura femenina capaz de trastornar el mundo y, a la vez, símbolo del clasicismo, y el Emperador como encarnación del sumo poder. Sin embargo, la Elena de Goethe se siente víctima de su condición. «¡Qué severo sino doquiera me persigue haciendo que de ese modo turbe el pecho de los hombres», «raptando, seduciendo, haciendo guerra», «una vez trastorné ya el mundo»[124]. También en las dos obras la figura de Elena tiene como contrapunto otra mujer, Margarita en *Fausto,* y Julieta en *El público.* Sin embar-

---

[121] *Obras completas,* pág. 1405.
[122] *Ibíd.,* pág. 1296.
[123] *Ibíd.,* pág. 1298. Este paso por los infiernos, que se produce en Goethe, nos lleva de nuevo a la obra de Cocteau que, como vimos, pretendía hacer objetivo el poema «Eurídice volverá de los infiernos».
[124] *Obras completas,* pág. 1452.

go, este último personaje no tiene connotaciones tan positivas como el de Goehte, ya que lo que se debate en la obra de Lorca no es un amor heterosexual y, por lo tanto, la figura femenina no tiene un especial relieve. Margarita es «entregada... a la insensible humanidad erigida en juez»[125], que no comprende su sentimiento amoroso. En *El público* este sacrificio es realizado por los dos protagonistas de la obra, Enrique y Gonzalo, como ya vimos, encarnados en el Traje de Arlequín y el Hombre 1, respectivamente.

El tema del amor es, por tanto, fundamental en los dos dramas, como contrapartida a la inherente soledad humana. La «soledad del hombre en el sueño lleno de ascensores (...) donde tú no aparecerías ya nunca», como afirma en su agonía el Hombre 1 de *El público*. Sin embargo, la fuerza del amor que muestra Goethe es menos «oculta» que en Lorca, lo que condiciona el final de la obra, que termina con la subida al cielo de las almas de sus protagonistas. La fuerza del amor los salva del infierno por haber tenido una «pobre alma, / que a sí misma se olvidó»[126].

El protagonista presentado por Goethe sufre, al igual que el Director de Lorca, una transformación interior, producto de sus experiencias en ese otro mundo no tangible, representado en *Fausto* por Mefistófeles. «Yo no hice más que correr por el mundo, asiendo por los cabellos cualquier placer que se me brindaba»[127]. Frente a esta actitud equivocada (semejante a los sentimientos iniciales del Director sobre el teatro al aire libre) aparece la fuerza del amor, que logra salvar del infierno «la parte inmortal de Fausto», de modo también similar a cómo este sentimiento cambia la opinión del Director acerca del teatro bajo la arena. Sin embargo, Goethe no sólo explica la salvación de Fausto por su amor a Margarita, sino porque «siempre a aquel que con

[125] *Ibíd.,* pág. 1367.
[126] *Ibíd.,* pág. 1499.
[127] *Ibíd.,* pág. 1488.

denuedo / lucha y se afana en la vida, / salvación brindar podemos»[128]. Estas palabras aparecen entrecomilladas en el texto de Fausto como expresión de la importancia que el autor concedía a esa actitud de enfrentamiento ante la existencia, común igualmente al Hombre 1, el otro protagonista de la obra de Lorca.

En los dos dramas el nombre de Enrique es esencial, y se identifica con el destinatario del verdadero sentimiento amoroso. Margarita llama así a Fausto al convertirse en un apuesto joven, y, en *El público*, el Hombre 1 utiliza esta denominación para expresar sus sentimientos hacia el Director de escena[129]. La invocación desesperada de este nombre cierra la primera parte del drama de Goethe, y los cuadros tercero y quinto de la obra de Lorca[130].

Siguiendo la conexión del drama de Lorca con la obra de *Fausto*, hemos de señalar igualmente su posible relación con otra versión de esta historia, la realizada por Christopher Marlowe, *La trágica historia del doctor Fausto*. En ella, además de los personajes de Elena y el Emperador, aparecen también unos Estudiantes que, al igual que en Lorca, reflexionan sobre lo sucedido en escena. También defienden a Fausto de forma semejante a cómo en Lorca los Estudiantes apoyan el teatro del Director de escena. «¿Qué haremos para

---

[128] *Ibíd.,* pág. 1497.

[129] En la biblioteca de Lorca existía un ejemplar del *Fausto* de Goethe, aún hoy conservado (Editorial Ibérica, 1920). Manuel Fernández Montesinos, *Descripción de la Biblioteca de Federico García Lorca. Catálogo y estudio,* Tesis de Licenciatura, Madrid, Universidad Complutense, pág. 44. Una florecilla seca en su interior parece demostrar que era una obra de especial significación para su propietario.

[130] Este aspecto ha sido señalado por Barbara Sheklin Davis, quien considera que esta invocación «para Lorca parece representar el grito de agonía del hombre en el vacío, del hombre que no puede encontrar a Dios» *(op. cit.,* págs. 339-340). Sin embargo, pensamos que el elemento religioso no es tan significativo en ninguna de las dos obras, aunque en ambas creaciones esta imprecación vaya cargada de angustia humana por tratar de remontarse «por encima de mí mismo», como afirmaba Fausto.

salvar a Fausto?», «vayamos a informar al rector, que acaso con su grave consejo pueda apartarlo de su descarrío»[131].

Calderón de la Barca también interesó vivamente a Lorca, como así lo demuestra la repetida representación que del auto sacramental, *La vida es sueño,* hizo su grupo teatral La Barraca. En esta obra, el mismo Lorca interpretaba uno de los caracteres, «La Sombra», único personaje que encarnó dentro de este grupo[132].

En las palabras que sirvieron como presentación de este auto al público de La Barraca, García Lorca elogia el teatro de este escritor, relacionándolo con el de Shakespeare y Goethe.

> Porque todo lo que hay en la Tempestad y en la segunda parte del Fausto es magia pura. Goethe y Shakespeare son dos magos, dos aprendices de brujos que se abrazan en el agua del cielo como el muchachito del poema de Dukas. Calderón es un ángel que se dejó manchar por el agua y el agua le regala dos calabazas en forma de estrella para que nade sobre el peligro. Goethe y Shakespeare buscan la ciencia, anhelan la ciencia y este Don Pedro busca el amor y se lleva el premio por humilde..., a mi juicio el auto da la altura de este poeta. Es el poema de la creación del mundo y del hombre, pero tan elevada y profunda que, en realidad, salta por encima de todas las creencias positivas.
>
> La lucha de los cuatro elementos de la Naturaleza por dominar el mundo, el terror del hombre recién nacido, todavía tembloroso de arcilla y luz planetaria y la escena de la

---

[131] *Tragedias,* Barcelona, Ed. Orbis, 1982, pág. 168.
[132] Sus otras actuaciones fueron *La tierra de Alvar González* de Antonio Machado, y como voz *en off* en el *Romance de las Almenas de Toro,* Luis Sáenz de la Calzada, *La Barraca. Teatro Universitario,* Madrid, Revista de Occidente, 1976, pág. 57.

Sombra con el pálido príncipe de las tinieblas, son momentos dramáticos de difícil superación en ningún teatro[133].

Estas palabras demuestran su especial predilección por estos autores, en que la magia del teatro está presente, pero también su anhelo de ciencia, como en Shakespeare y en Goethe. En Calderón, según Lorca, esta actitud se transforma en un acto de amor, que nada «sobre el peligro», haciendo que la creación del mundo y el hombre aparezca «tan elevada y profunda», que salte «por encima de todas las creencias». Sin embargo, existe una estrecha relación entre estos dos dramaturgos, señalada por el autor, ya que «por el teatro de Calderón se llega al Fausto, y yo creo que él mismo ya llegó con El Mágico Prodigioso, y se llega al gran drama,..., al Santo Sacrificio de la Misa»[134].

El Lorca que en 1932[135] hace estas declaraciones es semejante al que se muestra en *El público,* interesado por un teatro donde también la mezcla entre la realidad visible y la evocada está al servicio de una verdad trascendente. Sus palabras parecen establecer un cierto paralelismo entre este tipo de teatro y la liturgia de la Misa, donde tiene lugar el Sacrificio de Cristo, pero realizado, no de modo directo, sino por medio de la traslación a formas distintas del cruento sacrificio del Calvario (dimensión que igualmente aparece en *El público* en la figura del Desnudo Rojo, como ya vimos).

El teatro de Calderón también presenta este sentido trascendente, exponiendo temas que al Lorca de *El público* le intesaban sobremanera. Esta problemática está recogida fundamentalmente en las tres piezas antes citadas, los dos

---

[133] *La Barraca. Teatro Universitario,* pág. 125.

[134] *Ibíd.,* pág. 124.

[135] En este año se produce la primera representación de La Barraca, en Burgo de Osma: tres entremeses de Cervantes y el auto de Calderón *La vida es sueño.*

autos, *La vida es sueño* y *El gran teatro del mundo,* y *El mágico prodigioso*[136].

En estas obras, Calderón toca la doble problemática que Lorca recoge en *El público:* la teatral y la amorosa. La primera, fundamentalmente, en *El gran teatro del mundo,* donde, con la utilización del recurso del teatro en el teatro, usado también por Lorca, convierte la vida humana en representación teatral. Con ello proporciona un sentido metafísico al espacio escénico[137] (de igual manera que Lorca pretende mostrar su verdad en el teatro bajo la arena) apareciendo, por tanto, con el mismo doble significado que señalábamos en *El público.* El Autor que aparece en el auto y los trajes que el Mundo proporciona a los distintos caracteres para que cada uno desempeñe su papel han sido trasladados de las candilejas teatrales al universo teológico de los autos sacramentales. Los personajes se presentan al Autor como siglos más tarde se presentarán al Director de Pirandello[138], tan cercano, a su vez, al Director de *El público.*

Sin embargo, la magia e ilusión características del teatro no son únicamente utilizadas por Calderón para expresar sus temas metafísicos. En *El mágico prodigioso,* se vale del ir «formas fingiendo»[139], característico de la acción teatral,

---

[136] Esta última (de argumento tan semejante al *Fausto* de Goethe) también la quiso escenificar Lorca en La Barraca, como así consta en los testimonios que han quedado de su actividad con aquel grupo. *La Barraca y su entorno teatral,* Catálogo, Galería Multitud, Madrid, 1975, pág. 11. En la biblioteca del autor existía un ejemplar de los *Autos sacramentales* de Calderón hoy conservado (núm. 69 de Clásicos Castellanos, Biblioteca de Autores Selectos) que contenía *La cena del Rey Baltasar, El gran teatro del mundo* y *La vida es sueño.* Manuel Fernández Montesinos, *Descripción de la Biblioteca de Federico García Lorca, Catálogo y estudio, op. cit.,* pág. 123.

[137] Anthony Cascardi, *The limits of illusion: a critical study of Calderón,* Cambridge University Press, 1984, pág. 99.

[138] Domingo Ynduráin, edición, estudio y notas de *Calderón de la Barca. El gran teatro del mundo,* Madrid, Alhambra, 1981, pág. 52.

[139] Madrid, Espasa-Calpe, Col. Austral, núm. 1082, pág. 101.

Grupo de actores de La Barraca en la representación del auto
La vida es sueño, de Calderón de la Barca. Lorca aparece en primer término, en su interpretación de la Sombra.

para alabar la bondad divina, pero ahora en estrecha relación con el tema amoroso. En esta obra Calderón recoge la leyenda de San Cipriano del hombre que vende su alma al diablo «para gozar a esta mujer»[140]. Cipriano acepta la proposición del Demonio que, para convencer a Justina, se vale de un hechizo.

> No ha sido (¡ay de mí!) ilusión,
> y mayor daño sospecho,
> porque a pedazos del pecho
> me arrancan el corazón.
> Algún hechizo mortal
> se está haciendo contra mí[141].

Este último tema es el que más podía interesar al Lorca de *El público,* que veía ejemplificada en esta obra, al igual que en *El sueño de una noche de verano,* y en *Fausto,* el tema de la casualidad del amor. En estas tres creaciones el amor surgido es fruto de un factor extraño a los mismos protagonistas: una «flor venenosa» en Shakespeare, las tretas de Mefistófeles en Goethe, y el hechizo del Demonio en Calderón. Sin embargo, a diferencia de lo que sucede en *El público,* los protagonistas de este último autor también se salvan (como sucede en Goethe) gracias a la bondad de Dios, que se convierte así en el verdadero «mágico prodigioso», que da título a la obra. Su intervención cambia el influjo del Demonio, haciendo que los protagonistas puedan reunirse gozosos después de la muerte. Cipriano «con ella / yace en feliz monumento», y los dos «a las esferas subiendo / del sacro solio de Dios, / viven en mejor imperio», «ha sido / el mágico de los cielos»[142].

El tema del amor tiene también una gran importancia en el auto *La vida es sueño,* la pieza de Calderón que mayor

---

[140] *El mágico prodigioso, op. cit.,* pág. 64.
[141] *Ibíd.,* pág. 79.
[142] *Ibíd.,* págs. 101 y 102, respectivamente.

repercusión tuvo en García Lorca, como demuestran sus palabras, anteriormente citadas. En esta obra se hace acción dramática la creación del hombre, su caída al comer la manzana emponzoñada, y su resurgir, al haber comprendido que «cuanto vives sueñas, / porque al fin la vida es sueño»[143]. Con un esquema semejante a la comedia del mismo título, el Hombre, como protagonista de la obra (al igual que en Lorca), vuelve a la prisión de la que había salido al no saber obrar con rectitud. Se deja engañar por el Pecado o Príncipe de las Tinieblas, y por la sombra, «pálida tez del caos»[144]. De esta prisión logra salir gracias a la intervención del Amor ante el Poder, ya que «¿quién duda / que el Amor siempre es Amor?»[145].

Este hecho, no existente en su comedia homónima, atrajo especialmente la atención de Lorca. Así lo demuestra el hecho de que fuera el único aspecto destacado en su presentación, junto al personaje de la Sombra, interpretado por él, y que en el auto representa la culpa.

> HOMBRE. ¿Luego eres mi culpa?
> SOMBRA.   Sí[146].

La fuerza del amor y el sentimiento de culpa unidos en una obra que, como en *El público,* se describe una transformación interior. También en Lorca, anteriores sentimientos de culpabilidad parecen estar en el origen de la reacción de su protagonista, que se rebela abiertamente frente al rechazo de la sociedad convencional. De ahí que no sea extraño que Lorca interpretase la Sombra en el auto de Calderón y que fuera esta obra la que gozara de su mayor aprecio. El Hombre de Calderón cambia totalmente de actitud des-

---

[143] *La vida es sueño (Comedia, auto y loa),* Madrid, Alhambra, 1980, edición, estudio y notas de Enrique Rull, pág. 361.
[144] *La vida es sueño, op cit.,* pág. 309.
[145] *Ibíd.,* pág. 339.
[146] *Ibíd.,* pág. 343.

pués de haber sido redimido por la intervención del Amor, al igual que sucede en la obra de Lorca con el Director, y en *El mágico prodigioso* y en *Fausto,* con sus respectivos protagonistas. Esta transformación ocurre en el auto en «el término de tres días»[147], el mismo tiempo simbólico, como ya vimos, empleado por el Director de Lorca para llevar a cabo su teatro bajo la arena.

Otro aspecto de esta obra que pudo atraer la sensibilidad de Lorca es el debate que en ella se establece entre designio divino y libertad humana, presente asimismo en otra obra de Calderón, *El gran teatro del mundo,* aunque aquí trasladado a términos teatrales. Como afirma el Hombre, protagonista de *La vida es sueño,* «pues ¿por qué, / ... / teniendo más alma yo, / tengo menos libertad?»[148]. Esta misma pregunta parece hacérsela el Hombre 1 de *El público,* que también ve coartada la proyección de su sentimiento amoroso por la acción restrictiva de la sociedad.

Pero la influencia de Calderón en la obra de Lorca no repercute únicamente en su contenido, también parece afectar a su configuración escénica. Los personajes denominados con nombres genéricos, característicos de los autores calderonianos, tienen asimismo su reflejo en *El público,* ya que, como aquí sucede, están más al servicio de la interioridad del autor que de su propia individualidad como caracteres. Ésta es la razón por la que también aparecen en el teatro contemporáneo de carácter reflexivo, como el de Pirandello y Unamuno, y en las creaciones más contagiadas de superrealismo, como la anteriormente citada de Jean Cocteau.

Otro acercamiento de Lorca a Calderón, que afecta a la configuración escénica de *El público,* es su cierta aproximación al llamado «teatro de máquina» calderoniano. La puesta en escena de la mayor parte de las obras de este autor no se

---

[147] *Ibíd.,* pág. 355.
[148] *Ibíd.,* pág. 313.

reduce a la palabra, como el teatro de Lope, sino que requiere recursos escenográficos especiales, que el propio autor especifica al comienzo de sus obras. El auto *La vida es sueño* está precedido por una «Memoria de las apariencias», donde Calderón explica cómo deben ser los mecanismos necesarios para llevar esta obra al escenario[149]. En ella tiene lugar un terremoto que debía dejarse sentir sobre la escena, de igual forma que en *El mágico prodigioso* «múdase un monte de una parte a otra del tablado», ante lo que Cipriano exclama «¡No vi más confuso asombro; / No vi prodigio más raro!»[150]. En *El público* esta característica no se da con tanta intensidad, sin embargo, también hay en esta obra algo de esa concepción teatral. El muro de arena que se abre, y el decorado tripartito en el cuadro quinto, el biombo situado en el centro de la escena, que cambia la apariencia externa de los personajes, y la decoración que «se parte» en su ángulo izquierdo al final de la pieza, apareciendo «un cielo de nubes largas, vivamente iluminado, y una lluvia lenta de guantes blancos, rígidos y espaciados» parecen responder al mismo afán de producir asombro existente en Calderón, y común, igualmente, a Goethe y a los superrealistas franceses. No en vano el aprecio de Goethe por el teatro de Calderón fue enorme, y el afán de asombrar superrealista parece tener sus primeros antecedenes en la individualista y altiva actitud romántica.

Las características señaladas en *El público* a lo largo de este estudio y su intrincada composición, tanto temática, como de configuración escénica, hicieron de ella por largo tiempo una pieza «irrepresentable». Pero la razón última de

---

[149] El mismo Lorca reconoce esta característica en el teatro de Calderón, como así lo afirma en sus palabras de presentación, antes citadas, de *La vida es sueño*. «Esta versión no es la definitiva, sino la que se da en las plazas públicas, pues la verdadera interpretación de la obra requiere escenario», Sáenz de la Calzada, *La Barraca, op. cit.,* pág. 125.

[150] *El mágico prodigioso, op. cit.,* pág. 65.

su tardía subida al escenario tal vez estribe en las pocas concesiones que García Lorca realizó en esta obra a ese público convencional, que llenaba de somnolencia la escena española, y cuya entrada cierra de forma simbólica el drama así titulado.

—Señor
—Qué
—El público
—Que pase.

      (... En la escena empiezan a caer copos de nieve).

         (Telón lento.)

Esta edición

Nuestra edición está basada en el único manuscrito de *El público* hoy conocido, gracias a la conservación y publicación de Rafael Martínez Nadal *(Federico García Lorca. Autógrafos,* 1976). Según especifica su editor, consta de «sesenta y dos hojas de variado tamaño y tipo de papel, escritas a lápiz o tinta, por una o ambas carillas», donde la «puntuación es muy irregular». Este manuscrito (entregado por Lorca a Martínez Nadal antes de su viaje a Granada) «debió de servir de base» al que el autor «leyó en 1931 en casa de los Morla» (escrito «a tinta en pequeñas hojas de ochavo») que, a su vez, «precede al que él consideraba definitivo y que yo vi en el restaurante Buenavista en julio de 1936, días antes del fatal viaje a Granada» (versión escrita «a máquina en papel tamaño folio y que consideraba definitiva») *(Introducción a Federico García Lorca. El público y Comedia sin título,* 1978).

Este manuscrito «contiene tres cuadros perfectamente identificables», primero, quinto y sexto, sólo especificada su numeración en los dos últimos, más el denominado *Reina Romana (Ruina),* «posiblemente el segundo». Otro sin numerar «que, casi seguro, debe ser el tercero». Además, la sección titulada por Martínez Nadal «Solo del pastor bobo». «Falta el desaparecido cuadro cuarto (que en mi memoria veo con el título de Acto IV) y la última página del cuadro V».

De estos cinco cuadros, hoy conservados, dos de ellos, *Ruina Romana* y cuadro quinto, fueron publicados por Lorca en 1933, en la revista *Los Cuatro Vientos* (núm. 3, Madrid, junio, págs. 61-78), bajo el epígrafe *El público (De un drama en cinco actos)*. Esta puntualización del autor —realizada con posterioridad a la fecha del manuscrito, datado el 22 de agosto de 1930— nos puede hacer dudar de si realmente falta un cuadro en el texto de Lorca que hoy conocemos. La división del manuscrito en seis cuadros coincide con los recuerdos de Martínez Nadal de «la lectura que Lorca nos hizo en casa de los Morla», perteneciente a un drama «dividido en tres actos, con dos cuadros cada uno». Sin embargo, el autor, dos años más tarde, pudo cambiar de idea reduciendo la obra a los cinco cuadros que hoy conocemos, aunque en el manuscrito conservado figurase todavía la distribución antigua de «cuadro 5» y «cuadro 6».

No obstante, y dada la falta de documentación existente para apoyar esta otra hipótesis, mantenemos la distribución en seis cuadros, con la ausencia del cuadro cuarto, hoy desconocido. Sin embargo, no quisiéramos dejar de destacar que el contenido de la obra en su versión actual es bastante coherente. El lector no echa demasiado en falta el posible cuadro perdido, ya que la irrupción del teatro bajo la arena en el teatro al aire libre (que sería lo que debería corresponder al cuadro desconocido) se cuenta en los siguientes cuadros del drama. No de modo directo, porque no parece ser ése el estilo de la obra, según hemos tratado de mostrar, sino a través de referencias.

En nuestra edición manejaremos los dos textos supervisados por Lorca, el manuscrito (al que designaremos como Ms.) y lo publicado en *Los Cuatro Vientos* (que aparecerá como LCV) cuyo final suplirá la falta de la última página del cuadro quinto en el manuscrito. Asimismo, contrastaremos nuestra versión con la publicada por Martínez Nadal, que será representada por MN. Ante la casi ausencia de puntuación en el manuscrito, nos hemos visto obligados a tener que suplirla, coincidiendo en gran parte con lo realizado por Martínez Nadal. Sólo especificaremos las variantes cuando la diferenciación sea significativa.

La transcripción va acompañada de dos tipos de notas a pie de página. Unas, en las que recogemos las variantes con respecto a otros textos. Y otras, en las que destacamos aspectos del manuscrito, transcribiendo, a la vez, las correcciones realizadas por Lorca sobre el autógrafo. Éstas presentan un enorme interés para el lector, ya que, al no ser un texto totalmente perfilado, podemos observar la evolución del pensamiento de su autor a través de sus autocorrecciones. En las notas a pie de página, que transcriben palabras del manuscrito, hemos sido fieles al original, manteniendo la falta de acentuación de muchos de sus vocablos.

El autógrafo está realizado en tres tipos de papel. Unas cuartillas con el membrete del Hotel La Unión de La Habana, otras páginas rayadas de mayor tamaño (probablemente de dimensiones tipo de papel americano, agrupadas, tal vez, en forma de cuaderno pegado por un lateral, lo que explicaría su ausencia de numeración) y otras cuartillas sin membrete. En las primeras está escrito todo el cuadro primero (numerado del 1 al 12) y parte del cuadro segundo (de la página 1 a la 5). Una frase de esta última página, «me convertiría en pez luna y tu?...», enlaza, a través de estos puntos suspensivos, con lo escrito en papel rayado. En este papel están redactados el final del cuadro segundo y todo el cuadro tercero.

Por último, en las cuartillas sin membrete están recogidos los cuadros quinto y sexto, y el «Solo del pastor bobo». El cuadro quinto (numerado del 1 al 17), el «Solo del pastor bobo» (sin numerar) y la primera página del cuadro sexto aparecen escritos a lápiz, y con las mismas características de letra y papel. Sin embargo, a partir de la segunda página del último cuadro (numerada como primera) la escritura cambia a tinta hasta el final del manuscrito, lo que nos hace pensar que fue compuesto en dos tiempos. Además, en la primera hoja de este cuadro aparece un personaje, un «juez vestido de negro» (al que se hace alusión en el cuadro quinto, ya que ante él se iba a representar la auténtica versión de *Romeo y Julieta,* «antes de asesinarlos») y que en la redacción posterior se convierte en un Prestidigitador.

Por la menor fijación del lápiz con que están escritas las páginas rayadas, el tipo de correcciones y la clase de papel utilizado, podríamos pensar que pertenecerían a una redacción anterior, probablemente realizada en Estados Unidos. Las correcciones que en estos cuadros lleva a cabo el autor demuestran un mayor número de revisiones del texto que lo escrito en las otras cuartillas. El mal estado de esta primera versión (escrita a lápiz y con expresiones apenas legibles, que Lorca repasa en numerosas ocasiones) pudo llevar a su autor a reescribir en La Habana el cuadro primero y parte del segundo. Así parecen afirmarlo los puntos suspensivos que enlazan lo redactado en papel del Hotel La Unión con lo escrito anteriormente.

Sin embargo, lo compuesto en cuartillas sin membrete podría ser posterior, probablemente escrito en su totalidad en España, a la vuelta de su viaje a América. La fecha que cierra el manuscrito, «sábado, 22 de agosto de 1930», podría confirmarlo, y también el tipo de correcciones existentes en él. La mayoría de ellas están realizadas al componer por vez primera el texto, ya que el autor cambia a veces de idea, yuxtaponiendo contenidos distintos.

A la redacción de la obra acompaña en el manuscrito un dibujo de Lorca (realizado en el reverso de la página 138), que probablemente hubiera servido de ilustración o posible boceto a «Ruina Romana». En él aparecen dos columnas y un capitel, en estrecha relación con el contenido del cuadro.

* * *

Con estas páginas deseo evocar la figura de mi profesor y amigo Stephen Gilman, a cuyo entrañable recuerdo va dirigido este estudio.

Bibliografía

AGUILERA SASTRE, Juan, *Introducción a la vida y obra de Cipriano Rivas Cherif,* Tesis de Licenciatura, Universidad de Zaragoza, 1983.

ALQUIÉ, Ferdinand, *Filosofía del surrealismo,* Barcelona, Barral, 1974.

ANDERSON, Andrew A., «Some Shakesperian Reminiscences in García Lorca's Drama», *Comparative Literature Studies,* vol. 22, núm. 2, verano de 1985, págs. 187-210.

AUB, Max, «Algunos aspectos del teatro español de 1920 a 1930», *Revista Hispánica Moderna,* núms. 1-4, enero-octubre de 1965, págs. 17-28.

BALAKIAN, Anna, *Surrealism: The Road to the Absolute,* Nueva York, Noonday Press, 1969.

BELLAMICH, André, Estudio de *El público, Federico García Lorca. Oeuvres complètes,* París, Gallimard, 1981.

BERENGUER CARISOMO, Arturo, *Las máscaras de Federico García Lorca,* Buenos Aires, Ed. Universitaria, 1969.

BOREL, Jean-Paul, *El teatro de lo imposible,* Madrid, Guadarrama, 1966.

BORRÁS, Tomás, y MARTÍNEZ SIERRA, Gregorio, *Un teatro de arte en España,* Madrid, Renacimiento, 1925.

CASCARDI, Anthony J., *The limits of illusion: a critical study of Calderón,* Cambridge University Press, 1984.

CASTELLÓN, Antonio, «Proyectos de reforma del teatro español. 1920-1939», *Primer Acto,* núm. 176, enero de 1976, págs. 4-13.

DURÁN, Manuel, «El surrealismo en el teatro de Lorca y Alberti», *Hispanófila,* 1957, págs. 61-66.

EDWARD, Gwynne, *El teatro de Federico García Lorca,* Madrid, Gredos, 1983. Versión española, Carlos Martín Baró.

DAVIS, Barbara Sheklin, «El teatro surrealista español», *El surrealismo,* Madrid, Taurus, 1982, ed. de V. García de la Concha, págs. 327-351.

Federico García Lorca. Dibujos. Catálogo exposición, Madrid, 1986, Proyecto y catalogación, Mario Hernández.

FERNÁNDEZ CIFUENTES, Luis, *García Lorca en el Teatro: La norma y la diferencia,* Zaragoza, Prensas Universitarias, 1986.

— «García Lorca: Teatro del tiempo / Tiempo del Teatro», *Journal of Spanish Studies Twentieth Century,* vol. 6, 1979, págs. 175-192.

FERNÁNDEZ MONTESINOS, Manuel, *Descripción de la biblioteca de Federico García Lorca, Catálogo y estudio,* Tesis de Licenciatura, Madrid, Universidad Complutense, 1985.

GARCÍA POSADA, Miguel, *Lorca: interpretación de Poeta en Nueva York,* Madrid, Akal, 1981.

GÓMEZ DE LA SERNA, Ramón, «La vida como sueño en Calderón y Unamuno», *Cultura Universitaria,* núm. 40, 1953, págs. 5-20.

GORDÓN, José, *Teatro experimental español,* Madrid, Escélicer, 1965.

GUTIÉRREZ CUADRADO, Juan, «Crónica de una recepción: Pirandello en Madrid», *Cuadernos Hispanoamericanos,* núm. 333, marzo de 1978, págs. 347-386.

HIGGINBOTHAM, Virginia, «La iniciación de Lorca en el surrealismo», *El surrealismo,* Madrid, Taurus, 1982, ed. de V. García de la Concha, págs. 240-254.

HORMIGÓN, Juan Antonio, «Valle-Inclán y el teatro de la Escuela Nueva», *Estudios Clásicos,* XII, núm. 16, 1972, págs. 10-21.

LAFFRANQUE, Marie, introducción, transcripción y versión depurada de *Comedia sin título, Federico García Lorca. El público y Comedia sin título,* Barcelona, Seix Barral, 1978.

— Introducción, *Federico García Lorca. Viaje a la Luna,* Loubressac, Braad Editions, 1980.

LIMA, Robert, *The Theater of García Lorca,* Nueva York, Las Américas, 1963.

MARTÍN, Eutimio, *Federico García Lorca, heterodoxo y mártir. Análisis y proyección de la obra juvenil inédita,* Madrid, Siglo XXI, 1986.

— *Federico García Lorca. Poeta en Nueva York. Tierra y Luna,* Barcelona, Ariel, 1981, edición crítica.

MARTÍNEZ NADAL, Rafael, *El público. Amor y muerte en la obra de Federico García Lorca,* México, Joaquín Mortiz, 1970.

— *Federico García Lorca. Autógrafos II: El público,* edición facsímilar, Oxford, The Dolphin Book Co., 1976.

— Introducción, transcripción y versión depurada de *El público, Federico García Lorca. El público y Comedia sin título. Dos obras póstumas,* Barcelona, Seix Barral, 1978.

MAURER, Christopher, «Federico García Lorca escribe a su familia desde Nueva York y La Habana (1929-1930)», *Poesía. Revista ilustrada de información poética,* núms. 23 y 24, 1986.

MILLÁN, María Clementa, *«El público* de García Lorca, obra de hoy», *Cuadernos Hispanoamericanos,* monográfico dedicado a Lorca, núms. 433-446, julio-octubre de 1986, págs. 399-407.

— *«El público y Poeta en Nueva York,* dos obras afines», *Ínsula,* núms. 476-477, julio-agosto de 1986, págs. 9-10.

— *En torno a la estética superrealista: algunos aspectos estilísticos de la Generación del 27,* Tesis Doctoral, Universidad Complutense, Madrid, 1978.

— *Poeta en Nueva York de Federico García Lorca, contexto y originalidad,* Tesis Doctoral, Universidad de Harvard, 1984 (editorial Taurus).

POWER, Kevin, «Una luna encontrada en Nueva York», *Trece de nieve,* 2.ª época, núms. 1-2, diciembre de 1976, págs. 141-152.

El Público. Cuadernos, núm. 20, Madrid, enero de 1927. Número monográfico dedicado a *El público,* con artículos de: Ángel García Pintado «19 razones para amar lo imposible»; Ian Gibson, «El insatisfactorio estado de la cuestión»; María Clementa Millán, «La verdad del amor y del teatro»; Marie Laffranque, «Poeta y público»; Rafael Martínez Nadal, «Los Caballos en la obra de Lorca»; Ángel Sahuquillo, «García Lorca y la cultura de la homosexualidad»; Juanjo Guerenabarrena, «Noticia de un estudio apasionante».

SÁENZ DE LA CALZADA, Luis, *La Barraca. Teatro Universitario,* Madrid, Revista de Occidente, 1976.

VALENTE, José Ángel, «Pez luna», *Trece de nieve,* 2.ª época, núms. 1-2, diciembre de 1976, págs. 191-201.

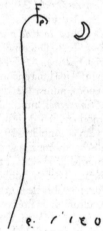

e٢ ١٢٥٠

1.936

El público

Drama en cuadros[1]

---

[1] El Ms. aparece subtitulado como «Drama en veinte cuadros y un asesinato», distribución que no se corresponde con la estructura posterior de la obra. Tal vez podría ser una reminiscencia de la denominación que Lorca pensaba atribuir a la pieza que iba a redactar en La Habana, *Sansón y Dalila: Misterio poético en cuarenta cuadros y un asesinato,* título que aparece en el reverso de la página 2 de este Ms., escrita en papel del Hotel La Unión. Los personajes de esta obra, que no llegó a escribir, iban a ser: Sansón, El filisteo, El esqueleto de Dalila, El niño de los dátiles y Los amantes. Entre este conjunto de caracteres y los de *El público* podría haber una cierta relación, ya que ambas creaciones parecen estar configuradas de forma semejante. Por una parte, una historia de amor conocida, Sansón y Dalila en la primera, y Romeo y Julieta en la segunda, con final trágico en ambos casos. Y, por otro lado, la relación amorosa que en *Sansón* se especifica en Los amantes, y que en *El público* ocupa la trama central de la obra. También en las dos obras la figura principal femenina surge del mundo de la muerte: El esqueleto de Dalila, en *Sansón,* y Julieta que surgen del sepulcro, en *El público.* Igualmente, en ambas creaciones aparece un niño, el de los dátiles, en *Sansón,* y el niño que cae del techo en «Ruina romana» anunciando la llegada del Emperador, que bien podría ser, asimismo, otra reminiscencia de aquella obra dentro de *El público.*

Cuadro primero

(Cuarto del DIRECTOR. *El* DIRECTOR *sentado. Viste de chaqué. Decorado azul. Una gran mano impresa en la pared. Las ventanas son radiografías.)*

CRIADO. Señor.
DIRECTOR. ¿Qué?
CRIADO. Ahí está el público.
DIRECTOR. Que pase.

(Entran cuatro CABALLOS BLANCOS)[2].

DIRECTOR. ¿Qué desean? *(Los* CABALLOS *tocan sus trompetas)*[3]. Esto sería si yo fuese un hombre con capacidad para el suspiro. ¡Mi teatro será siempre al aire libre![4]. Pero yo

---

[2] En el Ms. aparece tachado: «y tres hombres envueltos en una sola tela llena de manos y pitos de goma». Estos personajes aparecerán más adelante, aunque Lorca haya tachado su intervención en cada uno de los casos.

[3] En el Ms. esta frase sustituye a la descripción del sonido, «Ja guaá maa taá», y a los caballos que «brincan».

[4] La admiración de esta rotunda afirmación no aparece en el Ms., aunque la situación psicológica del Director se subraya por la expresión *(¡furioso!),* tachada por el autor. También ha desechado lo escrito a continuación:

...«Toda mi vida, toda mi fortuna, todo mi esfuerzo
Voz. Toda tu sangre.

he perdido toda mi fortuna. Si no yo[5] envenenaría el aire libre. Con una jeringuilla me basta. ¡Fuera de aquí! ¡Fuera de mi casa, caballos![6]. Ya se ha inventado la cama para dormir con los caballos. *(Llorando.)* Caballitos míos.

Los Caballos. *(Llorando)*[7]. Por trescientas pesetas. Por[8] doscientas pesetas, por un plato de sopa, por un frasco de perfume vacío, por tu saliva, por un recorte de tus uñas.

Director. ¡Fuera! ¡Fuera! ¡Fuera! *(Toca un timbre.)*

Los Caballos[9]. ¡Por nada! Antes te olían los pies y nosotros teníamos tres años. Esperábamos en el retrete, esperábamos detrás de las puertas y luego te llenábamos la cama de lágrimas. *(Entra el Criado.)*

Director. ¡Dame un látigo![10].

Los Caballos[11]. Y tus zapatos estaban cocidos por el sudor, pero sabíamos comprender que la misma relación tenía la luna con las manzanas podridas en la hierba.

Director. *(Al Criado.)* ¡Abre las puertas![12].

Director. ¡toda mi sangre para volar a Grecia.
Para que no quede de Grecia un palomo.
Los Caballos. (vibrantes) jaae guaaa maeerá
tauá tauaá.
Los hombres envueltos = Ni Persia, ni Francia ni la India».

[5] MN «si no envenararia el aire libre». Hemos preferido mantener la puntuación y el reforzamiento del yo en esta frase, según aparece en el Ms.

[6] Tachado en el Ms. «Caballos de mi corazón».

[7] Gerundio suprimido en la edición de MN, tal vez porque aparece en el Ms. al lado de unas intervenciones tachadas: «jaaa maaava taava galupa teguá / Los hombres envueltos». A ellos corresponde en realidad el párrafo «Por trescientas pesetas...» adjudicado a los Caballos como consecuencia de haber sido desechada la aparición de estos tres últimos personajes.

[8] MN «trescientas pesetas, por». Mantenemos aquí la puntuación del Ms.

[9] Aquí de nuevo los Caballos sustituyen la intervención de los Hombres envueltos, tachada en el Ms.

[10] Conservamos la admiración del Ms.

[11] En el Ms. «Los hombres», sin tachar. Resto sin duda de la inicial aparición de estos personajes.

[12] MN «¡Abre la puerta! ¡Abre!». Nos atenemos al Ms.

Los Caballos[13]. No, no, no. ¡Abominable! estás cubierto de vello[14] y comes la cal de los muros que no es tuya[15].

Criado. No abro la puerta. Yo no quiero salir al teatro[16].

Director. *(Golpeándolo.)* ¡Abre!

(Los Caballos sacan largas trompetas doradas y danzan lentamente al son de su canto.)

Caballo 1. ¡Abominables!

Caballos 2, 3 y 4. Blenamiboá.

Caballo 1. ¡Abominable!

Caballos 2, 3 y 4. Blenamiboá[17].

(El Criado abre la puerta.)

---

[13] Ms., tachado «Los hombres».

[14] Tachado en el Ms. «adorable y llevas».

[15] A continuación, en el reverso de la página 2 del Ms., aparece el cuadro de personajes del drama antes referido.

Sansón

Drama poético en cuarenta cuadros y un misterio [asesinato]*

Personajes.—Sansón
                            El filisteo
                            (La paloma)
                            El esqueleto de Dalila
                            El niño de los dátiles
                            Los amantes

En las notas en que se reproducen fragmentos del Ms., las palabras que aparecen entre corchetes y con un asterisco transcriben lo tachado por el autor al hacer sus propias correcciones.

[16] Por no estar tachada en el Ms. mantenemos esta intervención del Criado, no recogida por MN, así como la siguiente del Director, incorporada por MN, a la intervención posterior de este personaje.

[17] Seguimos a MN en la resolución del conflicto que plantea esta aparición de Los Caballos, conservando el «juego escénico entre la voz "abominable" y su inversión silábica» (MN, pág. 37) expresada en el Ms. entre Los Hombres (representados aquí por el Caballo 1) y Los Caballos.

DIRECTOR. ¡Teatro al aire libre! ¡Fuera! ¡Vamos! Teatro al aire libre. ¡Fuera de aquí! *(Salen los* CABALLOS.) *(Al* CRIADO.) Continúa.

(El DIRECTOR *se sienta detrás de la mesa)*[18].

CRIADO. Señor.
DIRECTOR. ¿Qué?
CRIADO. El público.
DIRECTOR. Que pase.

(El DIRECTOR *cambia su peluca rubia por una morena. Entran tres* HOMBRES *vestidos de frac exactamente iguales. Llevan barbas oscuras)*[19].

HOMBRE 1. ¿El señor Director del teatro al aire libre?
DIRECTOR. Servidor de usted.
HOMBRE 1. Venimos a felicitarle por su última obra.
DIRECTOR. Gracias.
HOMBRE 3. Originalísima.
HOMBRE 1. ¡Y qué bonito título! *Romeo y Julieta.*
DIRECTOR. Un hombre y una mujer que se enamoran.
HOMBRE 1. Romeo puede ser un ave y Julieta puede ser una piedra. Romeo puede ser un grano de sal y Julieta puede ser un mapa.
DIRECTOR. Pero nunca dejarán de ser Romeo y Julieta.
HOMBRE 1. Y enamorados. ¿Usted cree que estaban enamorados?

---

[18] MN

> DIRECTOR. *(Al* CRIADO.) Abre. *(El* CRIADO *abre la puerta.)* ¡Teatro al aire libre! ¡Fuera! ¡Vamos! ¡Teatro al aire libre. ¡Fuera de aquí! *(Salen los* CABALLOS.)
> DIRECTOR. *(Al* CRIADO.) Continúa.

En esta intervención del Director seguimos el Ms., por lo que tampoco incluimos la incorporación de Martínez Nadal «sale el Criado pero regresa al instante».

[19] MN «negras».

DIRECTOR. Hombre... Yo no estoy dentro...

HOMBRE 1. ¡Basta! ¡Basta![20]. Usted mismo se denuncia.

HOMBRE 2. *(Al* HOMBRE 1.) Ve con prudencia. Tú tienes la culpa. ¿Para qué vienes a la puerta de los teatros? Puedes llamar a un bosque y es fácil que éste abra el ruido de su savia para tus oídos. ¡Pero un teatro![21].

HOMBRE 1. Es a los teatros donde hay que llamar; es a los teatros para...

HOMBRE 3. Para que se sepa la verdad de las sepulturas.

HOMBRE 2. Sepulturas con focos de gas, y anuncios, y largas filas de butacas.

DIRECTOR[22]. Caballeros...

HOMBRE 1. Sí. Sí. Director del teatro al aire libre, autor de *Romeo y Julieta.*

HOMBRE 2. ¿Cómo orinaba Romeo, señor Director? ¿Es que no es bonito ver orinar a Romeo? ¿Cuántas veces fingió tirarse de la torre para ser apresado en la comedia de su sufrimiento?[23]. ¿Qué pasaba, señor Director..., cuando no pasaba? ¿Y el sepulcro? ¿Por qué, al final, no bajó usted las escaleras del sepulcro? Pudo usted haber visto un ángel que se llevaba el sexo de Romeo mientras dejaba el otro, el suyo, el que le correspondía. Y si yo le digo que el personaje principal de todo fue una flor venenosa, ¿qué pensaría usted? ¡Conteste!

DIRECTOR. Señores, no es ése el problema.

HOMBRE 1. *(Interrumpiendo.)* No hay otro. Tendremos necesidad de enterrar el teatro por la cobardía de todos. Y tendré que darme un tiro.

---

[20] MN ¡Basta, basta!». La separación en el Ms. de estas dos intervenciones sirve para intensificar la actitud del Hombre 1.

[21] MN «¡Pero a un teatro!». La incorporación de la preposición produce un cambio en el sentido de la frase, no recogida en el Ms. El teatro es sujeto de la acción, oponiéndose a la actitud del bosque que sí abre «el ruido de su savia para tus oídos».

[22] MN *«(Temblando)»*, tachado en el Ms.

[23] Tachado en el Ms. «dolor».

Hombre 2. ¡Gonzalo!

Hombre 1. *(Lentamente.)* Tendré que darme un tiro para inaugurar el verdadero teatro, el teatro bajo la arena.

Director. Gonzalo...

Hombre 1. ¿Cómo?...[24]. *(Pausa.)*

Director. *(Reaccionando.)* Pero no puedo. Se hundiría todo. Sería dejar ciegos a mis hijos y luego[25] ¿qué hago con el público? ¿Qué hago con el público si quito las barandas al puente? Vendría la máscara a devorarme. Yo vi una vez a un hombre devorado por la máscara. Los jóvenes más fuertes de la ciudad, con picas[26] ensangrentadas, le hundían por el trasero grandes bolas de periódicos abandonados, y en América hubo una vez un muchacho a quien la máscara ahorcó colgado de sus propios intestinos.

Hombre 1. ¡Magnífico!

Hombre 2. ¿Por qué no lo dice[27] usted en el teatro?

Hombre 3. Eso es el principio de un argumento.

Director. En todo caso un final.

Hombre 3. Un final ocasionado por el miedo.

Director. Está claro, señor. No me supondrá usted capaz de sacar la máscara a escena.

Hombre 1. ¿Por qué no?

Director. ¿Y la moral? ¿Y el estómago de los espectadores?

Hombre 1. Hay personas que vomitan cuando se vuelve un pulpo del revés y otras que se ponen pálidas si oyen pronunciar con la debida intención la palabra cáncer; pero usted sabe[28] que contra esto existe la hojalata, y el yeso, y la adorable mica, y, en último caso, el cartón, que está al alcance de todas las fortunas como medio expresivo[29].

---

[24] Puntos suspensivos en el Ms.

[25] MN puntos suspensivos, no existentes en el Ms.

[26] En el Ms., tachado, «palos».

[27] MN «dijo», no existente en el Ms.

[28] Tachado en el Ms. «que existe».

[29] Seguimos el orden de la frase existente en el Ms. MN «que como medio expresivo está al alcance de todas las fortunas».

(Se levanta.) Pero usted lo que quiere es engañarnos. Engañarnos para que todo siga igual y nos sea imposible ayudar a los muertos. Usted tiene la culpa de que las moscas hayan caído en cuatro mil naranjadas que yo tenía dispuestas. Y otra vez tengo que empezar a romper las raíces[30].

DIRECTOR. *(Levantándose.)* Yo no discuto, señor. ¿Pero qué es lo que quiere de mí?[31]. ¿Trae usted una obra nueva?

HOMBRE 1. ¿Le parece a usted obra más nueva que nosotros con nuestras barbas... y usted?

DIRECTOR. ¿Y yo...?

HOMBRE 1. Si... usted.

HOMBRE 2. ¡Gonzalo!

HOMBRE 1. *(Mirando al* Director)[32]. Lo reconozco todavía y me parece estarlo viendo aquella mañana que encerró una liebre, que era un prodigio de velocidad, en una pequeña cartera de libros. Y otra vez[33], que se puso dos rosas en las orejas el primer día que descubrió el peinado con la raya en medio[34]. Y tú, ¿me reconoces?

DIRECTOR. No es éste el argumento. ¡Por Dios! *(A voces.)* ¡Elena! ¡Elena! *(Corre a la puerta.)*

HOMBRE 1. Pero[35] te he de llevar al escenario quieras o no quieras. Me has hecho sufrir demasiado. ¡Pronto! ¡El biombo! ¡El biombo! *(El* HOMBRE 3 *saca un biombo y lo coloca en medio de la escena.)*

---

[30] Frase que sustituye en el Ms. a otra desechada «para los que tenían verdadera sed».

[31] Respetamos la puntuación del Ms.

[32] MN «*(Al* HOMBRE 2, *pero mirando al* DIRECTOR)». Nos atenemos al Ms., ya que las palabras del Hombre 1 no sólo están dirigidas al Hombre 2.

[33] Signo de puntuación existente en el Ms.

[34] MN «*(Al* DIRECTOR)», especificación de sujeto que aparece en el Ms. y que tampoco es necesaria por aparecer al comienzo del párrafo.

[35] MN «Pero yo te he». Explicación del sujeto no existente en el Ms.

DIRECTOR. *(Llorando.)* Me ha de ver el público. Se hundirá mi teatro[36]. Yo había hecho los dramas mejores de la temporada, ¡pero ahora...![37].

(Suenan las trompetas de los CABALLOS. *El* HOMBRE 1 *se dirige al fondo y abre la puerta.)*

HOMBRE 1. Pasad adentro, con nosotros. Tenéis sitio en el drama. Todo el mundo[38]. *(Al* DIRECTOR.*)* Y tú, pasa por detrás del biombo.

(Los HOMBRES 2 *y* 3 *empujan al* DIRECTOR. *Éste pasa por*[39] *el biombo y aparece por la otra esquina*[40] *un muchacho vestido de raso blanco con una gola blanca al cuello. Debe ser una actriz. Lleva una pequeña guitarrita negra.)*

HOMBRE 1. ¡Enrique! ¡Enrique! *(Se cubre la cara con las manos.)*
HOMBRE 2. No me hagas pasar a mí por el biombo. Déjame ya tranquilo. ¡Gonzalo![41].
DIRECTOR. *(Frío y pulsando las cuerdas.)* Gonzalo, te he de escupir mucho. Quiero escupirte y romperte el frac con unas tijeritas. Dame seda y aguja. Quiero bordar. No me gustan los tatuajes, pero te quiero bordar con sedas.
HOMBRE 3. *(A los* CABALLOS.*)* Tomad asiento donde queráis.
HOMBRE 1. *(Llorando.)* ¡Enrique! ¡Enrique!
DIRECTOR. Te bordaré sobre la carne[42] y me gustará verte dormir en el tejado. ¿Cuánto dinero tienes en el bolsillo?

---

[36] MN, puntos suspensivos que no se encuentran en el Ms.
[37] Signos de admiración existentes en el Ms.
[38] Tachado en el Ms. «y si quieren pasar».
[39] MN «por detrás».
[40] MN «por el otro extremo». Seguimos el Ms.
[41] «Déjame ya tranquilo, Gonzalo». Signos de admiración existentes en el Ms.
[42] Tachado en el Ms. «con sedas».

¡Quémalo!⁴³. *(El* Hombre 1 *enciende un fósforo y quema los billetes.)* Nunca veo bien cómo desaparecen los dibujos en la llama. ¿No tienes más dinero? ¡Qué pobre eres, Gonzalo! ¿Y mi lápiz para los labios? ¿No tienes carmín? Es un fastidio.

Hombre 2. *(Tímido.)* Yo tengo. *(Se saca el lápiz por debajo de la barba y le ofrece.)*

Director. Gracias... Pero... ¿pero también tú estás aquí?⁴⁴. ¡Al biombo! Tú también al biombo. ¿Y todavía lo soportas⁴⁵, Gonzalo?

(El Director *empuja bruscamente al* Hombre 2 *y aparece por el otro extremo del biombo una mujer vestida con pantalones de pijama negro y una corona de amapolas en la cabeza. Lleva en la mano unos impertinentes cubiertos por un bigote rubio que usará poniéndolo sobre su boca en algunos momentos del drama.)*

Hombre 2. *(Secamente.)* Dame el lápiz.

Director. ¡Ja, ja, ja! ¡Oh Maximiliana, emperatriz de Baviera! ¡Oh mala mujer!⁴⁶.

Hombre 2. *(Poniéndose el bigote sobre los labios.)* Te recomendaría un poco de silencio.

Director⁴⁷. ¡Oh mala mujer!⁴⁸. ¡Elena! ¡Elena!

Hombre 1. *(Fuerte.)* No llames a Elena.

---

⁴³ Tachado en el Ms. «Hombre 1. Diez mil pesetas.
    Director. ¡Quémalas!».
⁴⁴ En el Ms. aparece tachado «pero... *(lanza una carcajada)* [ja, ja, ja]*
    ¿pero este es... esta?, ja ja ja».
⁴⁵ Corrección de «la soportas», existente en el Ms.
⁴⁶ Tachado en el Ms. «Espera hijita no tengas miedo. Voy a llamar a una compañera tuya para que no estés tan arisca».
⁴⁷ Expresión que aparece en el Ms. (suprimida en la edición de MN) en sustitución de la frase «No te pongas bravo que ya se que tu no eres».
⁴⁸ En el Ms. se repite la especificación de la intervención del Director, sustituyendo la segunda de ellas a la palabra «Sansón» que aparece tachada.

DIRECTOR. ¿Y por qué no? Me ha querido mucho cuando mi teatro estaba al aire libre. ¡Elena!

> (ELENA *sale de la izquierda. Viste de griega. Lleva las cejas azules, el cabello blanco y los pies de yeso. El vestido, abierto totalmente por delante, deja ver sus muslos cubiertos con apretada malla rosa. El* HOMBRE 2 *se lleva el bigote a los labios.*)

ELENA. ¿Otra vez igual?

DIRECTOR. Otra vez[49].

HOMBRE 3. ¿Por qué has salido, Elena? ¿Por qué has salido si no me vas a querer?

ELENA. ¿Quién te lo dijo? Pero, ¿por qué me quieres tanto? Yo te besaría los pies si tú me castigaras y te fueras con las[50] otras mujeres. Pero tú me adoras demasiado a mí sola. Será necesario terminar de una vez.

DIRECTOR. *(Al* HOMBRE 3.) ¿Y yo? ¿No te acuerdas de mí? ¿No te acuerdas de mis uñas arrancadas? ¿Cómo habría conocido a las otras[51] y a ti no? ¿Por qué te he llamado, Elena? ¿Por qué te he llamado, suplicio mío?

JULIETA. *(Al* HOMBRE 3.) ¡Vete con él! Y confiésame ya la verdad que me ocultas. No me importa que estuvieras borracho y que te quieras justificar, pero tú lo has besado y has dormido en la misma cama.

HOMBRE 3. ¡Elena! *(Pasa rápidamente por detrás del biombo y aparece sin barba con la cara palidísima y un látigo en la mano. Lleva muñequeras con clavos dorados.)*

---

[49] Aquí aparecen tachadas en el Ms. unas palabras importantes para comprender el sentido de la escena: «Prefiero vivir así, que morir bajo las palabras [el cuchillo]* de Gonzalo».

[50] Mantenemos el artículo, según consta en el Ms., por estar recogido en la siguiente intervención del Director, «conocido a las otras».

[51] MN «a las otras mujeres». Seguimos el Ms., ya que el sentido de la frase se entiende suficientemente.

HOMBRE 3. *(Azotando al* DIRECTOR.*)* Tú siempre hablas, tú siempre mientes y he de acabar contigo sin la menor misericordia.

LOS CABALLOS. ¡Misericordia! ¡Misericordia!

ELENA. Podrías seguir golpeando un siglo entero y no creería en ti. *(El* HOMBRE 3 *se dirige a* ELENA *y le aprieta las muñecas.)* Podrías seguir un siglo entero atenazando mis dedos y no lograrías hacerme escapar un solo gemido.

HOMBRE 3. ¡Veremos quién puede más!

ELENA. Yo y siempre yo.

(Aparece el CRIADO.*)*

ELENA. ¡Llévame pronto de aquí. Contigo![52] ¡Llévame! *(El* CRIADO *pasa por detrás del biombo y sale de la misma manera.)* ¡Llévame! ¡Muy lejos! *(El* CRIADO *la toma en brazos.)*

DIRECTOR. Podemos empezar.

HOMBRE 1. Cuando quieras.

LOS CABALLOS. ¡Misericordia! ¡Misericordia!

(Los CABALLOS *suenan sus largas trompetas. Los personajes están rígidos en sus puestos.)*

(Telón lento.)

---

[52] MN «*(Dirigiéndose al* CRIADO.*)* ¡Llévame pronto de aquí!». Nos atenemos al Ms.

Cuadro segundo[53]

RUINA ROMANA[54]

(Una figura, cubierta totalmente de pámpanos rojos, toca una flauta sentada sobre un capitel. Otra figura, cubierta de cascabeles dorados, danza en el centro de la escena.)

FIGURA DE CASCABELES[55]. ¿Si yo me convirtiera en nube?[56].

FIGURA DE PÁMPANOS. Yo me convertiría en ojo.

FIGURA DE CASCABELES. ¿Si yo me convirtiera en caca?

FIGURA DE PÁMPANOS. Yo me convertiría en mosca.

FIGURA DE CASCABELES. ¿Si yo me convirtiera en manzana?[57].

FIGURA DE PÁMPANOS. Yo me convertiría en beso.

FIGURA DE CASCABELES. ¿Si yo me convirtiera en pecho?

FIGURA DE PÁMPANOS. Yo me convertiría en sábana blanca.

---

[53] Denominación que no se encuentra en el Ms.

[54] Publicada en la revista *Los Cuatro Vientos* (núm. 3, Madrid, junio de 1933, págs. 61-78) como *Reina Romana*. Debajo del título en el Ms. aparece tachada la sugerencia escénica de «Una estatua de Venus».

[55] En LCV en singular, al igual que «Pámpano».

[56] En este juego amoroso de preguntas y respuestas, el autor apenas utiliza signos de interrogación, siguiendo su costumbre de puntuar escasamente.

[57] LCV «cabellera». En el Ms. «manzana». Primera interrogación en LCV que lleva explícito el signo de puntuación.

Voz. *(Sarcástica.)* ¡Bravo!

Figura de Cascabeles. ¿Y si yo me convirtiera en pez luna?

Figura de Pámpanos. Yo me convertiría en cuchillo.

Figura de Cascabeles. *(Dejando de danzar.)* Pero, ¿por qué? ¿Por qué me atormentas? ¿Cómo no vienes conmigo, si me amas[58], hasta donde yo te lleve? Si yo me convirtiera en pez luna[59], tú te convertirías en ola de mar, o en alga, y[60] si quieres algo muy lejano[61], porque no desees besarme, tú te convertirías en luna llena, ¡pero en cuchillo! Te gozas en interrumpir mi danza. Y[62] danzando es la única manera que tengo de amarte.

Figura de Pámpanos. Cuando rondas el lecho y los objetos de la casa[63], te sigo, pero no te sigo a los sitios a donde tú, lleno de sagacidad, pretendes llevarme. Si tú te convirtieras en pez luna[64], yo te abriría con un cuchillo, porque soy un hombre, porque no soy nada más que eso, un hombre, más hombre que Adán[65], y quiero que tú seas aún más hombre que yo. Tan hombre que no haya ruido en las ramas cuando tú pases. Pero tú no eres un hombre. Si yo no tuviera esta flauta te escaparías a la luna, a la luna cubierta[66] de pañolitos de encaje y gotas de sangre de mujer.

Figura de Cascabeles. *(Tímidamente.)* ¿Y si yo me convirtiera en hormiga?

Figura de Pámpanos. *(Enérgico.)* Yo me convertiría en tierra[67].

---

58 MN «conmigo si me amas». Seguimos la puntuación de LCV.

59 MN «en pez luna tú te». Seguimos la puntuación de LCV.

60 MN «o». Seguimos el Ms., que en esta ocasión coincide con lo publicado en LCV.

61 MN «muy lejano porque». Seguimos la puntuación de LCV.

62 MN «mi danza y danzando». Seguimos LCV.

63 Tachado, «cautela», en el Ms.

64 MN «luna yo te abriría». Seguimos la puntuación de LCV.

65 MN «que Adán y quiero». Seguimos la puntuación de LCV.

66 En el Ms. tachado «llena».

67 Tachado en el Ms. «piedra».

FIGURA DE CASCABELES. *(Más fuerte.)* ¿Y si yo me convirtiera en tierra?

FIGURA DE PÁMPANOS. *(Más débil.)* Yo me convertiría en agua.

FIGURA DE CASCABELES. *(Vibrante.)* ¿Y si yo me convirtiera en agua?

FIGURA DE PÁMPANOS. *(Desfallecido.)* Yo me convertiría en pez luna.

FIGURA DE CASCABELES. *(Tembloroso.)* ¿Y si yo me convirtiera en pez luna?

FIGURA DE PÁMPANOS. *(Levantándose.)* Yo me convertiría en cuchillo. En un cuchillo afilado durante cuatro largas primaveras.

FIGURA DE CASCABELES. Llévame al baño y ahógame. Será la única manera de que puedas verme desnudo. ¿Te figuras que tengo miedo a la sangre?[68]. Sé la manera de dominarte. ¿Crees que no te conozco? De dominarte tanto, que si yo dijera «¿si yo me convirtiera en pez luna?», tú[69] me contestarías[70] «yo me convertiría en una bolsa de huevas pequeñitas».

FIGURA DE PÁMPANOS. Toma un hacha y córtame las piernas. Deja que vengan los insectos de la ruina y vete. Porque[71] te desprecio. Quisiera que tú calaras hasta lo hondo[72]. Te escupo.

FIGURA DE CASCABELES. ¿Lo quieres? Adiós. Estoy tranquilo. Si voy bajando por la ruina iré encontrando amor y cada vez más amor.

FIGURA DE PÁMPANOS. *(Angustiado.)* ¿Dónde vas? ¿Dónde vas?

FIGURA DE CASCABELES. ¿No deseas[73] que me vaya?

---

68 Punto y aparte en LCV.
69 MN «De dominarte tanto que si yo dijera. "¿Si yo me convirtiera en pez luna?" tu». Seguimos la puntuación de LCV.
70 Tachado en el Ms. «dirías». LCV «contestarás».
71 MN «vete porque te desprecio». Mantenemos la puntuación del Ms.
72 MN «lo más hondo». Seguimos el Ms. y LCV.
73 LCV «dices».

Figura de Pámpanos. *(Con voz débil.)* No, no te vayas. ¿Y si yo me convirtiera en granito de arena?

Figura de Cascabeles. Yo me convertiría en látigo.

Figura de Pámpanos. ¿Y si yo me convirtiera en una bolsa de huevas pequeñitas?

Figura de Cascabeles. Yo me convertiría en otro látigo. Un látigo hecho con cuerdas de guitarra.

Figura de Pámpanos. ¡No me azotes!

Figura de Cascabeles. Un látigo hecho con maromas de barco.

Figura de Pámpanos. ¡No me golpees el vientre!

Figura de Cascabeles. Un látigo hecho con los estambres[74] de una orquídea.

Figura de Pámpanos. ¡Acabarás por dejarme ciego!

Figura de Cascabeles. Ciego, porque[75] no eres hombre. Yo sí soy un hombre. Un hombre, tan hombre, que[76] me desmayo cuando[77] se despiertan los cazadores. Un hombre, tan hombre, que[78] siento un dolor agudo en los dientes cuando alguien quiebra un tallo, por diminuto que sea[79]. Un gigante. Un gigante, tan gigante, que[80] puedo bordar una rosa en la uña de un niño recién nacido[81].

Figura de Pámpanos. Estoy esperando la noche, angustiado por el blancor de la ruina, para poder arrastrarme a tus pies.

---

[74] En el Ms. tachado «pistilos».

[75] MN «Ciego porque». Seguimos la puntuación de LCV.

[76] MN «Un hombre tan hombre que». Seguimos la puntuación de LCV.

[77] Tachado en el Ms. «si alguien».

[78] MN «Un hombre tan hombre que». Seguimos la puntuación de LCV.

[79] MN «un tallo por diminuto que sea». Seguimos la puntuación de LCV.

[80] MN «Un gigante tan gigante que». Seguimos la puntuación de LCV.

[81] LCV «cortar una roca con la uña de un niño recién nacido». En el Ms. aparece claramente la palabra «bordar», frente a la de cortar, aunque las otras variantes son más difusas.

FIGURA DE CASCABELES. No. No[82]. ¿Por qué me dices eso?
Eres tú quien me debes obligar a mí para que lo haga. ¿No
eres tú un hombre? ¿Un hombre más hombre que Adán?

FIGURA DE PÁMPANOS. *(Cayendo al suelo.)* ¡Ay! ¡Ay!

FIGURA DE CASCABELES. *(Acercándose en voz baja.)* ¿Y si yo
me convirtiera en capitel?

FIGURA DE PÁMPANOS. ¡Ay de mí!

FIGURA DE CASCABELES. Tú te convertirías en sombra de
capitel y nada más. Y luego vendría Elena a mi cama.
Elena, ¡corazón mío!; mientras[83] tú, debajo de los coji-
nes, estarías tendido lleno de sudor, un sudor que no sería tuyo, que sería de los cocheros, de los fogoneros y de
los médicos que operan el cáncer, y entonces[84] yo me
convertiría en pez luna y tú[85] no serías ya nada más que
una pequeña polvera[86] que pasa de mano en mano.

FIGURA DE PÁMPANOS. ¡Ay!

FIGURA DE CASCABELES. ¿Otra vez? ¿Otra vez estás llorando? Tendré necesidad de desmayarme[87] para que vengan
los campesinos[88]. Tendré necesidad de llamar a los negros, a los enormes negros heridos por las navajas de las
yucas[89] que luchan día y noche con el fango de los ríos.
¡Levántate del suelo, cobarde![90]. Ayer estuve en casa del

---

[82] Conservamos la puntuación del Ms.

[83] MN «¡Elena, corazón mío! Mientras». Seguimos la puntuación
de LCV.

[84] MN «Entonces». Seguimos el Ms. y LCV, con esta conjunción inicial que enlaza con la frase anterior «Y luego vendría Elena».

[85] Esta frase se encuentra en el Ms. como final de lo escrito en papel del
Hotel La Unión y, a la vez, encabeza lo redactado en las páginas rayadas.

[86] LCV «pólvora». En el Ms. aparece claramente escrito «polvera».

[87] Tachado en el Ms. «y llamar».

[88] En el Ms. aparece explícita la duda del autor que, tras haber escrito
el inicio de una frase, decide cambiarla, «que han per despues que hayan
perdido todos sus dientes».

[89] Tachado en el Ms. «piñas».

[90] Signos de admiración no existentes en el Ms. ni en LCV. Tachado
en el Ms. «Si tu supieras... oyeme».

fundidor y encargué una cadena. ¡No te alejes de mí! Una cadena[91] y estuve[92] toda la noche llorando porque me dolían las muñecas y los tobillos y, sin embargo, no la tenía puesta. *(La* FIGURA DE PÁMPANOS *toca un silbato de plata.)* ¿Qué haces? *(Suena el silbato otra vez.)* Ya sé lo que deseas, pero tengo tiempo de huir.

FIGURA DE PÁMPANOS. *(Levantándose.)* Huye si quieres[93].

FIGURA DE CASCABELES. Me defenderé con las hierbas.

FIGURA DE PÁMPANOS. Prueba a defenderte[94].

(Suena el silbato. Del techo cae un niño vestido con una malla roja)[95].

NIÑO. ¡El Emperador! ¡El Emperador! ¡El Emperador!

FIGURA DE PÁMPANOS. ¡El Emperador!

FIGURA DE CASCABELES. Yo haré tu papel. No te descubras. Me costaría la vida.

NIÑO. ¡El Emperador! ¡El Emperador! ¡El Emperador!

FIGURA DE CASCABELES. Todo entre nosotros era un juego. Jugábamos. Y ahora yo serviré al Emperador fingiendo la voz tuya. Tú puedes tenderte detrás de aquel gran capitel. No te lo había dicho nunca. Allí hay una vaca que guisa la comida para los soldados.

---

[91] LCV «Era cochina». Palabras difíciles de leer en el Ms., aunque la similitud con «cadena» es mayor.

[92] MN «Una cadena, y estuve». Seguimos la puntuación de LCV.

[93] Tachado en el Ms. «No podras. Ahora te impediran la huida los capiteles». En la transcripción del autógrafo, MN sustituye esta última palabra por «reptiles». Nos parece clara la inclusión de «capiteles», no sólo por la grafía, sino también por el contexto. Esta transcripción se confirma en la siguiente intervención, también tachada, de la Figura de Pámpanos.

[94] En el Ms., tachado «Ya siente. ¡Ya siente el latido de los capiteles».

[95] Tachado en el Ms. «Lleva la cabeza cubierta con diminutas helices de ventiladores». Eliminación que está en la línea de otras muchas del texto inicial, por la que el autor pareciera querer quitar de la obra los toques escénicos excesivamente vanguardistas.

Figura de Pámpanos. ¡El Emperador! Ya no hay remedio. Tú has roto el hilo de la araña[96] y ya siento que mis grandes pies se van volviendo pequeñitos y repugnantes.

Figura de Cascabeles. ¿Quieres un poco de té?[97]. ¿Dónde podría encontrar una bebida caliente en esta ruina?

Niño. *(En el suelo.)* ¡El Emperador! ¡El Emperador! ¡El Emperador!

(Suena una trompa y aparece el Emperador *de los Romanos. Con él viene un* Centurión *de túnica amarilla y carne gris. Detrás vienen los cuatro* Caballos *con sus trompetas[98]. El* Niño *se dirige al* Emperador*. Éste lo toma en sus brazos y se pierden en los capiteles.)*

Centurión. El Emperador busca a uno.

Figura de Pámpanos. Uno soy yo.

Figura de Cascabeles. Uno soy yo[99].

Centurión. ¿Cuál de los dos?

Figura de Pámpanos. Yo.

Figura de Cascabeles. Yo[100].

Centurión. El Emperador adivinará cuál de los dos es uno. Con un cuchillo o con un salivazo. ¡Malditos seáis todos los de vuestra casta! Por vuestra culpa estoy yo[101]

---

[96] Tachado en el Ms. «Lla muralla».

[97] LCV «un poco de té», transcribiendo literalmente el Ms.

[98] Tachado en el Ms. «Las figuras se arrodillan».

[99] MN «Figura de Pámpanos y Figura de Cascabeles. Uno soy yo». Seguimos el Ms., que marca con la repetición de la misma respuesta la identidad de actitudes de los personajes, apareciendo transcrito de este modo en LCV.

[100] Martínez Nadal resuelve la situación de igual modo que la vez anterior.

[101] MN, «estoy corriendo». Mantenemos el pronombre que aparece en el Ms. para subrayar la actitud acusatoria del Centurión.

corriendo caminos y durmiendo sobre la arena. Mi mujer es hermosa como una montaña. Pare por cuatro o cinco sitios a la vez y ronca[102] al mediodía debajo de los árboles. Yo tengo doscientos hijos. Y tendré[103] todavía muchos más. ¡Maldita sea vuestra casta!

(*El* CENTURIÓN *escupe y canta. Un grito largo y sostenido se oye detrás de las columnas*[104]. *Aparece el* Emperador *limpiándose la frente. Se quita unos guantes negros, después unos guantes rojos y aparecen sus manos de una blancura clásica*)[105].

EMPERADOR. *(Displicente.)* ¿Cuál de los dos es uno?

FIGURA DE CASCABELES. Yo soy, señor.

EMPERADOR. Uno es uno y siempre uno. He degollado más de cuarenta muchachos que no lo quisieron decir.

CENTURIÓN. *(Escupiendo.)* Uno es uno y nada más que uno.

EMPERADOR. Y no hay dos.

CENTURIÓN. Porque si hubiera dos, no[106] estaría el Emperador buscando por los[107] caminos.

EMPERADOR. *(Al* CENTURIÓN.*)* ¡Desnúdalos!

FIGURA DE CASCABELES. Yo soy uno, señor. Ése es el mendigo de las ruinas. Se alimenta con raíces.

EMPERADOR. Aparta.

---

[102] LCV «nunca». La grafía es confusa, si bien conservamos el verbo roncar por ser un hecho negativo que refuerza el expresado con anterioridad de parir «por cuatro o cinco sitios».

[103] MN «hijos y tendré». Seguimos la puntuación de LCV.

[104] LCV «la columna». En el Ms. aparece claramente representado el plural.

[105] Tachado en el Ms. «increíble».

[106] MN «dos no estaría». Seguimos la puntuación de LCV.

[107] LCV «por esos». En el Ms. la grafía de «dos» no parece ofrecer dudas.

Figura de Pámpanos. Tú me conoces. Tú sabes quién soy. *(Se despoja de los pámpanos y aparece un desnudo blanco de yeso.)*

Emperador. *(Abrazándolo.)* Uno es uno.

Figura de Pámpanos. Y siempre uno. Si me besas, yo[108] abriré mi[109] boca para clavarme, después, tu[110] espada en el cuello.

Emperador. Así lo haré.

Figura de Pámpanos. Y deja mi cabeza de amor en la ruina. La cabeza[111] de uno que fue siempre uno.

Emperador. *(Suspirando)*[112]. Uno.

Centurión. *(Al Emperador.)* Difícil es, pero[113] ahí lo tienes.

Figura de Pámpanos. Lo tiene porque nunca lo podrá tener.

Figura de Cascabeles. ¡Traición! ¡Traición!

Centurión. ¡Cállate, rata vieja! ¡Hijo de la escoba![114].

Figura de Cascabeles. ¡Gonzalo! ¡Ayúdame, Gonzalo![115].

(La Figura de Cascabeles tira de una columna y ésta se desdobla en el biombo blanco de la primera escena. Por detrás[116], salen los tres Hombres barbados y el Director de escena.)

---

[108] MN «besas yo». Seguimos la puntuación de LCV.

[109] MN «la boca». Nos atenemos al Ms., donde el posesivo aparece claramente escrito, de acuerdo también con lo editado por LCV. Casi borrado en el Ms. debajo de esta frase, «yo te dejaré».

[110] MN «para clavarme despues tu». Seguimos la puntuación de LCV.

[111] MN «ruina, la cabeza». Nos aproximamos a la puntuación de LCV, donde aparece punto y aparte.

[112] Tachado en el Ms. «gritando».

[113] MN «Difícil es pero». Seguimos la puntuación de LCV.

[114] MN «rata vieja, hijo de la escoba!». Mantenemos la puntuación del Ms., que recalca el doble insulto del Centurión.

[115] A continuación aparece tachado en el Ms. *(«por detras de las columnas sube al cielo el esqueleto de un niño)»*, puntualización del autor que aclara bastante la significación de este personaje.

[116] Conservamos la puntuación del Ms.

Hombre 1. ¡Traición!
Figura de Cascabeles. ¡Nos ha traicionado!
Director. ¡Traición!

(*El* Emperador *está abrazado a la* Figura de Pámpanos.)

(*Telón.*)

Cuadro tercero[117]

(Muro de arena. A la izquierda, y pintada sobre el muro, una luna transparente casi de gelatina[118]. En el centro, una inmensa hoja verde lanceolada.)

HOMBRE 1. *(Entrando.)* No es esto lo que hace falta. Después de lo que ha pasado, sería injusto que yo[119] volviese otra vez para hablar con los niños y observar la alegría del cielo.

HOMBRE 2. Mal sitio es éste.

DIRECTOR. ¿Habéis presenciado la lucha?

HOMBRE 3. *(Entrando.)* Debieron morir los dos. No he presenciado nunca un festín tan sangriento.

HOMBRE 1. Dos leones. Dos semidioses.

HOMBRE 2. Dos semidioses si no tuvieran ano.

HOMBRE 1. Pero el ano es el castigo del hombre[120]. El ano es el fracaso del hombre, es su vergüenza y su muerte. Los dos

---

[117] Esta denominación no aparece en el Ms. En el margen izquierdo de esta primera página encontramos escrito «Neré NE-RÉ».

[118] Tachado en el Ms. «sobre el muro la sección de un tronco que se pierde en el techo. Cortina azul».

[119] MN «que volviese». Seguimos el Ms. que reafirma la figura del sujeto.

[120] Tachado en el Ms.

DIRECTOR. Lo mismo que las rosas tienen espinas...

HOMBRE 1. *(Indignado.)* Sigues sin enterarte de la cuestión. La espina es esencial en la rosa, defiende y construye pero el.

131

tenían ano y ninguno de los dos podía luchar con la belleza pura de los mármoles que brillaban conservando deseos[121] íntimos defendidos por una superficie intachable.

HOMBRE 3. Cuando sale la luna, los niños del campo se reúnen para defecar.

HOMBRE 1. Y detrás de los juncos, a la orilla fresca de los remansos, hemos encontrado la huella del hombre que hace horrible la libertad de los desnudos.

HOMBRE 3. Debieron morir los dos.

HOMBRE 1. *(Enérgico.)* Debieron vencer.

HOMBRE 3. ¿Cómo?

HOMBRE 1. Siendo hombres los dos y no dejándose arrastrar por los falsos deseos. Siendo íntegramente hombres. ¿Es que un hombre puede dejar de serlo nunca?

HOMBRE 2. ¡Gonzalo!

HOMBRE 1. Han sido vencidos y ahora todo será para burla y escarnio de la gente.

HOMBRE 3. Ninguno de los dos era un hombre. Como no lo sois vosotros tampoco. Estoy asqueado de vuestra compañía.

HOMBRE 1. Ahí detrás, en la última parte del festín, está el Emperador. ¿Por qué no sales y lo estrangulas? Reconozco tu valor tanto como justifico[122] tu belleza. ¿Cómo no te precipitas y con tus mismos dientes le devoras el cuello?

DIRECTOR[123]. ¿Por qué no lo haces tú?

HOMBRE 1. Porque no puedo, porque no quiero, porque soy débil.

DIRECTOR. Pero él puede, él quiere, él es fuerte[124]. *(En voz alta.)* ¡El Emperador está en la ruina!

Esta última frase continúa en la intervención del Director no tachada «el ano es el fracaso del hombre».

[121] Tachado en el Mn. «fuegos».

[122] Tachado en el Ms. «reconozco y adoro».

[123] Tachado en el Ms. «Hombre 3».

[124] A continuación aparece tachado en el Ms. un largo diálogo entre el Director y el Hombre 1.

HOMBRE 3. Que vaya el que quiera respirar su aliento.

HOMBRE 1. ¡Tú![125].

HOMBRE 3. Sólo podría[126] convenceros si tuviera mi látigo.

HOMBRE 1. Sabes que no te resisto, pero te desprecio por cobarde.

HOMBRE 2. ¡Por cobarde!

DIRECTOR. *(Fuerte y mirando al* HOMBRE 3.) ¡El Emperador que bebe nuestra sangre está en la ruina![127]. *(El* HOMBRE 3 *se tapa la cara con las manos.)*

HOMBRE 1. *(Al* DIRECTOR.) Ése es, ¿lo conoces ya? Ése es el valiente que en el café y en el libro nos va arrollando las venas en largas espinas de pez. Ése es el hombre que ama al Emperador en soledad[128] y lo busca en las tabernas de los puertos. Enrique, mira bien sus ojos. Mira[129] qué pequeños racimos de uvas bajan por sus hombros. A mí no me engaña[130]. Pero ahora yo voy a matar al Emperador. Sin cuchillo, con estas manos quebradizas que me envidian todas las mujeres.

DIRECTOR. ¡No, que irá él! Espera un poco. *(El* HOMBRE 3 *se sienta en una silla y llora.)*

HOMBRE 3. No podría estrenar mi pijama de nubes. ¡Ay! Vosotros no sabéis que yo he descubierto una bebida

---

HOMBRE 1 Aquí esta el cuchillo. Un loco lo hace con los labios [dientes]*.

DIRECTOR ¡Como te voy a demostrar que el me quiere, que el es ardiente en mi recuerdo!

HOMBRE 1 Mira a ver si consigues ya de una vez convertirte [aparece doblemente tachado en el Ms.] tu deseo de perra vagabunda!

Esta intervención enlaza con la siguiente del Director *«(En voz alta.)* ¡El Emperador está en la ruina!».

[125] Respetamos los signos de admiración de Ms.

[126] Tachado en el Ms. «dar».

[127] Respetamos los signos de admiración del Ms.

[128] MN «silencio». Esta palabra aparece sustituida en el Ms. por «soledad».

[129] Seguimos la puntuación del Ms.

[130] Tachado en el Ms. a continuación «Ese es el hombre».

maravillosa que solamente conocen algunos negros de Honduras[131].

DIRECTOR. Es en un pantano podrido donde debemos estar y no aquí[132]. Bajo el légamo donde se consumen las ranas muertas.

HOMBRE 2. *(Abrazando al* HOMBRE 1.) Gonzalo, ¿por qué lo amas tanto?

HOMBRE 1. *(Al* DIRECTOR.) ¡Te traeré la cabeza del Emperador!

DIRECTOR. Será el mejor regalo para Elena.

HOMBRE 2. Quédate, Gonzalo, y permite que te lave los pies.

HOMBRE 1. La cabeza del Emperador quema los cuerpos de todas las mujeres.

DIRECTOR. *(Al* HOMBRE 1.) Pero tú no sabes que Elena puede pulir sus manos dentro del fósforo y la cal viva. ¡Vete con el cuchillo! ¡Elena, Elena, corazón mío!

HOMBRE 3. ¡Corazón mío de siempre! Nadie nombre aquí a Elena.

DIRECTOR. *(Temblando.)* Nadie la nombre. Es mucho mejor que nos serenemos. Olvidando el teatro será posible. Nadie la nombre.

HOMBRE 1[133]. Elena.

DIRECTOR. *(Al* HOMBRE 1.) ¡Calla! Luego[134] yo estaré esperando detrás de los muros del gran almacén. Calla.

HOMBRE 1. Prefiero acabar de una vez. ¡Elena! *(Inicia el mutis.)*

DIRECTOR[135]. Oye, ¿y si yo me convirtiera en un pequeño enano de jazmines?

---

[131] Debajo aparece tachada en el Ms. una palabra ilegible.

[132] MN «donde debemos estar, bajo el légamo donde se consumen las ranas muertas, y no aquí». Seguimos la ordenación de la frase existente en el Ms., que contiene, además, una mayor rotundidad.

[133] MN «*(En voz baja)*», acotación que no aparece en el Ms.

[134] Tachado en el Ms. a continuación «te es».

[135] MN «*(Deteniéndolo)*», acotación que no se encuentra en el Ms.

Hombre 2. (Al Hombre 1.) ¡Vamos! ¡No te dejes engañar! Yo te acompaño a la ruina.

Director. (Abrazando al Hombre 1.) Me convertiría en una píldora de anís, una píldora donde estarían exprimidos los juncos de todos los ríos, y[136] tú serías una gran montaña china[137] cubierta de vivas arpas diminutas.

Hombre 1. (Entornando los ojos.) No, no. Yo entonces no sería[138] una montaña china. Yo sería un odre de vino antiguo[139] que llena de sanguijuelas la garganta.

(Luchan)[140].

Hombre 3. Tendremos necesidad de separarlos.

Hombre 2. Para que no se devoren.

Hombre 3. Aunque yo encontraría mi libertad. (El Director y el Hombre 1 luchan sordamente.)

Hombre 2. Pero yo encontraría mi muerte.

Hombre 3. Si yo tengo un esclavo...

Hombre 2. Es porque yo soy un esclavo.

Hombre 3. Pero esclavos los dos[141], de modo distinto podemos romper las cadenas.

Hombre 1. ¡Llamaré a Elena!

Director. ¡Llamaré a Elena!

Hombre 1. ¡No, por favor!

Director. No, no la llames. Yo me convertiré en lo que tú desees. (Desaparecen luchando por la derecha.)

---

[136] MN «los ríos. Y tú serías». Mantenemos la puntuación del Ms.

[137] Tachado debajo en el Ms. «japonesa llena».

[138] MN «yo no sería entonces», alterando el orden de la frase existente en el Ms.

[139] Tachado debajo en el Ms. «pecho de agua harapiento con».

[140] MN «(El Director y el Hombre 1 luchan sordamente)». Seguimos el Ms., manteniendo esta acotación y la siguiente, por entender que refuerza la escena para el lector.

[141] Tachado a continuación en el Ms. «al fin».

HOMBRE 3. Podemos empujarlos y caerán al pozo. Así tú y yo quedaremos libres.

HOMBRE 2. Tú, libre. Yo, más esclavo todavía.

HOMBRE 3. No importa. Yo les empujo. Estoy deseando vivir en mi tierra verde, ser pastor, beber[142] el agua de la roca.

HOMBRE 2. Te olvidas de que soy fuerte cuando quiero. Era yo un niño y ya uncía los bueyes de mi padre. Aunque[143] mis huesos estén cubiertos de pequeñísimas orquídeas tengo una capa de músculos que utilizo cuando quiero.

HOMBRE 3. (Suave.) Es mucho mejor para ellos y para nosotros. ¡Vamos! El pozo es profundo.

HOMBRE 2. ¡No te dejaré!

> (Luchan. El HOMBRE 2 empuja al HOMBRE 3 y desaparecen por el lado opuesto. El muro se abre[144] y aparece el sepulcro de JULIETA en Verona. Decoración realista. Rosales y yedras. Luna. JULIETA está tendida en el sepulcro[145]. Viste un traje blanco de ópera. Lleva al aire sus dos senos de celuloide rosado.)

JULIETA. (Saltando del sepulcro.) Por favor[146]. No he tropezado con una amiga[147] en todo el tiempo[148], a pesar de haber cruzado[149] más de tres mil arcos vacíos. Un poco

---

[142] MN «y ser pastor, y beber». Mantenemos la puntuación del Ms., que excluye las conjunciones, por reforzar el carácter poético de esta alocución.

[143] Tachado a continuación en el Ms. «me veas».

[144] Tachado debajo en el Ms. «La cortina se descorre», de acuerdo con la escenografía pensada inicialmente para este acto.

[145] Tachado a continuación en el Ms. «Y Aparece Julieta».

[146] Tachado debajo en el Ms. «Amiguitas mías ayudadme un poco».

[147] Tachado a continuación en el Ms. «hace más de cu».

[148] MN «en todo el tiempo que llevo expatriada». Las palabras finales de esta frase aparecen tachadas en el Ms.

[149] Tachado a continuación en el Ms. «por».

de ayuda, por favor. Un poco de ayuda, por favor. Un poco de ayuda[150] y un mar de sueño.

(Canta.)

Un mar de sueño.
Un[151] mar de tierra blanca
y los arcos vacíos por el cielo[152].
Mi cola por los mares, por las algas[153].
Mi cola por el tiempo.
Un mar de tiempo.
Playa de los gusanos leñadores
y delfín de cristal por los cerezos[154].
¡Oh puro amianto de final! ¡Oh ruina!
¡Oh soledad sin arco! ¡Mar de sueño!

(Un tumulto de espadas y voces surge al fondo de la escena.)

Julieta. Cada vez más gente. Acabarán por invadir mi sepulcro y ocupar mi propia camita. A mí no me importan las discusiones sobre el amor ni el teatro. Yo lo que quiero es amar.
Caballo Blanco[155] 1. *(Apareciendo. Trae una espada en la mano.)* ¡Amar!
Julieta. Sí. Con amor que dura sólo[156] un momento.

---

[150] MN «un poco de ayuda y un mar de sueño *(Canta)*». Reproducimos fielmente el Ms.
[151] MN «Un mar de sueño / un mar de tierra blanca». Mantenemos la puntuación del Ms.
[152] Tachado debajo en el Ms. «tiempo».
[153] MN «por las algas, / mi cola por el tiempo». Seguimos la puntuación del Ms.
[154] Tachado debajo en el Ms. «los almendros».
[155] Adjetivo que no aparece en el Ms., pero que conservamos de Martínez Nadal por encontrarse más adelante especificado por Lorca.
[156] En el Ms. signo gráfico indicando la unión de la primera sílaba de esta palabra con la final de la siguiente. Tal vez queriendo marcar la rapidez con que deben pronunciarse.

Caballo Blanco 1. Te he esperado en el jardín[157].

Julieta. Dirás en el sepulcro.

Caballo Blanco 1. Sigues tan loca como siempre. Julieta, ¿cuándo[158] podrás darte cuenta de la perfección de un día? Un día con mañana y con tarde.

Julieta. Y con noche.

Caballo Blanco 1. La noche no es el día. Y en un día lograrás[159] quitarte la angustia y ahuyentar las impasibles paredes de mármol.

Julieta. ¿Cómo?

Caballo Blanco 1. Monta en mi grupa.

Julieta. ¿Para qué?

Caballo Blanco 1. *(Acercándose.)* Para llevarte.

Julieta. ¿Dónde?

Caballo Blanco 1. A lo oscuro. En lo oscuro hay ramas suaves[160]. El cementerio de las alas tiene mil superficies de espesor.

Julieta. *(Temblando.)* ¿Y qué me darás allí?

Caballo Blanco 1. Te daré lo más callado de lo oscuro.

Julieta. ¿El día?

Caballo Blanco 1. El musgo sin luz. El[161] tacto que devora pequeños mundos con las yemas de los dedos.

Julieta. ¿Eras tú el que ibas a enseñarme la perfección[162] de un día?

Caballo Blanco 1. Para pasarte a la noche.

Julieta. *(Furiosa.)* ¿Y qué tengo yo, caballo idiota, que ver[163] con la noche? ¿Qué tengo yo que aprender de sus

---

157 Tachado a continuación en el Ms. «mar de tres siglos».

158 MN «como siempre, Julieta ¿Cuándo». Seguimos la puntuación del Ms.

159 Tachado debajo en el Ms. «te podras».

160 Tachado debajo en el Ms. «blandas».

161 MN «sin luz, el tacto». Conservamos la puntuación del Ms.

162 Tachado a continuación en el Ms. «del día».

163 MN «¿y qué tengo yo que ver, caballo idiota, con la noche?». Seguimos la ordenación del Ms.

nubes[164] o de sus borrachos? Será preciso que use veneno de rata para librarme de gente molesta. Pero yo no quiero matar a las ratas. Ellas traen para mí pequeños pianos y escobillas de laca[165].

CABALLO BLANCO 1. Julieta, la noche no es un momento, pero un momento puede durar toda la noche.

JULIETA. *(Llorando.)* Basta. No quiero oírte más. ¿Para qué quieres llevarme? Es el engaño la palabra del amor, el espejo roto, el paso en el agua[166]. Después me dejarías en el sepulcro otra vez, como todos hacen tratando de convencer a los que escuchan[167], de que el verdadero amor es imposible. Ya estoy cansada y me levanto[168] a pedir auxilio para arrojar de mi sepulcro a los que teorizan sobre mi corazón y a los que me abren la boca[169] con pequeñas pinzas de mármol.

CABALLO BLANCO 1. El día es un fantasma que se sienta.

JULIETA. Pero yo he conocido mujeres muertas por el sol.

CABALLO BLANCO 1. Comprende bien un solo día para amar todas las noches.

JULIETA. ¡Lo de todos! ¡Lo de todos! Lo de los hombres, lo de los árboles, lo de los caballos. Todo lo que quieres enseñarme lo conozco perfectamente. La luna empuja de modo suave[170] las casas deshabitadas, provoca la caída de las columnas y ofrece a los gusanos diminutas antorchas para entrar en el interior[171] de las cerezas. La luna lleva a las alcobas las caretas[172] de la meningitis, llena de

---

[164] MN «Sus estrellas». Ambos sustantivos están tachados en el Ms., pero hemos preferido «nubes» por ser la última palabra elegida por Lorca, como se puede deducir de su colocación encima de la anterior.

[165] Tachado debajo en el Ms. «de dientes».

[166] Tachado debajo en el Ms. «viento».

[167] Tachado debajo en el Ms. «todos».

[168] Tachado debajo en el Ms. «vengo a».

[169] Tachado debajo en el Ms. «los labios con».

[170] Tachado debajo en el Ms. «suavemente».

[171] Tachado debajo en el Ms. «corazón».

[172] MN «la careta». Claramente expresado el plural en el Ms.

agua fría los vientres de las embarazadas, y apenas me descuido[173], arroja puñados de hierba sobre mis hombros. No me mires, caballo, con ese deseo que tan bien conozco. Cuando era muy pequeña yo veía en Verona a las hermosas vacas pacer en los prados. Luego las veía pintadas en mis libros, pero las recordaba siempre al pasar por las carnicerías.

CABALLO BLANCO 1. Amor que sólo dura un momento.

JULIETA. Sí, un minuto[174]; y Julieta, viva, alegrísima, libre del[175] punzante enjambre de lupas. Julieta en el comienzo, Julieta a la orilla de la ciudad.

(El tumulto de voces y espadas vuelve a surgir en el fondo de la escena.)

CABALLO BLANCO 1.
Amor. Amar. Amor.
Amor de caracol, col, col, col,
que saca los cuernos al sol.
Amar. Amor. Amar.
Del caballo que lame
la bola de sal.   *(Baila.)*

JULIETA. Ayer eran cuarenta y estaba dormida. Venían las arañas, venían las niñas y la joven violada por el perro tapándose con los geranios, pero yo continuaba tranquila. Cuando las ninfas hablan del[176] queso, éste puede ser de leche de sirenas o de trébol. Pero ahora son cuatro[177], son cuatro muchachos los que me han querido poner un falito de barro y estaban decididos a pintarme un bigote de tinta.

---

[173] Tachado a continuación en el Ms. «llena lanza». MN «las embarazadas y apenas me descuido».

[174] Tachado debajo en el Ms. «momento instante».

[175] Tachado a continuación en el Ms. «lupas y meditaciones».

[176] MN «de queso». Seguimos el Ms.

[177] Tachado debajo en el Ms. «tres», al igual que el siguiente numeral.

CABALLO BLANCO 1.
   Amor. Amar. Amor.
   Amor de Ginido[178] con el cabrón
   y de la mula[179] con el caracol, col, col, col,
   que saca los cuernos al sol.
   Amar. Amor. Amar.
   De Júpiter en el establo[180] con el pavo real
   y el caballo que relincha dentro de la catedral[181].
JULIETA. Cuatro[182] muchachos, caballo. Hacía mucho tiempo que sentía el ruido del juego, pero no he despertado hasta que brillaron[183] los cuchillos.

   (Aparece el CABALLO NEGRO. Lleva un penacho de plumas del mismo color y una rueda en la mano.)

CABALLO NEGRO. ¿Cuatro[184] muchachos? Todo el mundo. Una tierra de asfódelos y otra tierra de semillas. Los muertos siguen discutiendo y los vivos utilizan el bisturí. Todo el mundo.
CABALLO BLANCO 1. A las orillas del Mar Muerto nacen unas bellas manzanas de ceniza, pero la ceniza es buena.
CABALLO NEGRO. ¡Oh frescura! ¡Oh pulpa! ¡Oh rocío! Yo como ceniza.
JULIETA. No. No es buena la ceniza. ¿Quién habla de ceniza?
CABALLO BLANCO 1. No hablo de ceniza. Hablo de la ceniza que tiene forma de manzana.

---

[178] Tachado debajo en el Ms. «la serpiente».
[179] Tachado debajo en el Ms. «gata».
[180] Tachado debajo en el Ms. «de Ginido con el cabrón, del gato». Continuaría la frase, «con el pavo real».
[181] Tachado debajo en el Ms. «lame los mares [bosques]* de sal».
[182] Tachado debajo en el Ms. «tres», en consonancia con la corrección anterior en este mismo sentido.
[183] Ms. «brillaban». Seguimos la corrección efectuada por MN.
[184] Tachado debajo en el Ms. «tres».

Caballo Negro. ¡Forma! ¡Forma! Ansia de la[185] sangre.

Julieta. Tumulto.

Caballo Negro. Ansia de la sangre y hastío de la rueda.

(Aparecen Los Tres Caballos Blancos. Traen largos bastones de laca negra.)

Los Tres Caballos Blancos. Forma y ceniza. Ceniza y forma[186]. Espejo. Y el que pueda acabar que ponga un pan de oro.

Julieta. (Retorciéndose las manos.) Forma y ceniza.

Caballo Negro. Sí. Ya sabéis lo bien que degüello las palomas. Cuando se dice roca yo entiendo aire. Cuando se dice aire yo entiendo vacío. Cuando se dice vado yo entiendo paloma degollada.

Caballo Blanco 1.

Amor. Amar. Amor.
De la luna con el corazón,
de la yema con la luna
y la nube con el cascarón.

Los Tres Caballos Blancos. (Golpeando[187] el suelo con sus bastones.)

Amor. Amar. Amor.
De la boñiga con el sol,
del sol con la vaca muerta
y el escarabajo con el sol.

Caballo Negro. Por mucho que mováis los bastones, las cosas no sucederán sino como tienen que suceder. ¡Malditos! ¡Escandalosos! He de recorrer el bosque en busca de resina varias veces a la semana, por culpa vues-

---

[185] MN «Ansia de sangre». Mantenemos el artículo existente en el Ms., ya que su ausencia cambia totalmente el sentido de la frase. En la siguiente intervención del Caballo Negro, MN conserva este artículo.

[186] A continuación aparece tachada en el Ms. una intervención del Caballo Blanco 1, «Espejo. Zanice y mafor, mafor y zanice».

[187] Tachado debajo en el Ms. «moviendo».

142

tra[188], para tapar y restaurar el silencio que me pertenece[189]. *(Persuasivo)*[190]. Vete, Julieta. Te he puesto sábanas de hilo. Ahora empezará a caer una lluvia fina coronada de yedras que mojará los cielos y las paredes.

LOS TRES CABALLOS BLANCOS. Tenemos tres bastones negros.

CABALLO BLANCO 1. Y una espada.

LOS TRES CABALLOS BLANCOS. *(A JULIETA.)* Hemos de pasar por tu vientre para encontrar la resurrección de los caballos.

CABALLO NEGRO. Julieta[191], son las tres de la madrugada; si te descuidas, las gentes cerrarán[192] la puerta y no podrás pasar.

LOS TRES CABALLOS BLANCOS. Le queda el prado y el horizonte de montañas.

CABALLO NEGRO. Julieta, no hagas ningún caso. En el prado está el campesino que se come los mocos, el enorme[193] pie que machaca al ratoncito, y el ejército de lombrices que moja de babas la hierba viciosa.

CABALLO BLANCO 1. Le quedan sus pechecitos duros y, además, ya se ha inventado la cama para dormir con los caballos.

LOS TRES CABALLOS BLANCOS. *(Agitando los bastones.)* Y queremos acostarnos.

CABALLO BLANCO 1. Con Julieta. Yo estaba en el sepulcro la última noche y sé todo lo que pasó.

LOS TRES CABALLOS BLANCOS. *(Furiosos.)* ¡Queremos acostarnos!

---

[188] MN «Por culpa vuestra he de recorrer el bosque en busca de resina varias veces a la semana». Mantenemos el orden de la frase existente en el Ms.

[189] Tachada en el manuscrito una intervención de Julieta. «¿Está bien que yo me encuentre ahora entre caballos sucios mas desorientada que estaba?».

[190] MN «*(A JULIETA, persuasivo)*». Nos atenemos al Ms.

[191] Tachado a continuación en el Ms., «Hilo granizo o nieve, las anémonas no dejan de abrirse bajo las aristas».

[192] MN «La gente cerrará». El plural aparece claramente explícito en el Ms.

[193] MN «y el enorme». Seguimos el Ms.

Caballo Blanco 1. Porque somos caballos verdaderos, caballos de coche que hemos roto con las vergas la madera de los pesebres y las ventanas del establo.

Los Tres Caballos Blancos. Desnúdate, Julieta, y deja al aire tu grupa para el azote de nuestras colas. ¡Queremos resucitar! (Julieta *se refugia en el* Caballo Negro.)

Caballo Negro. ¡Loca, más que loca![194].

Julieta. *(Rehaciéndose.)* No os tengo miedo. ¿Queréis acostaros conmigo? ¿Verdad? Pues ahora soy yo la que quiere acostarse con vosotros, pero yo mando, yo dirijo, yo os monto, yo os corto las crines con mis tijeras.

Caballo Negro. ¿Quién pasa a través de quién? ¡Oh amor, amor, que necesitas pasar tu luz por los calores oscuros! ¡Oh mar apoyado en la penumbra[195] y flor en el culo del muerto!

Julieta. *(Enérgica.)* Yo no soy una esclava para que me hinquen punzones de ámbar en los senos, ni un oráculo para los que tiemblan de amor a la salida de las ciudades. Todo mi sueño ha sido con el olor de la higuera y la cintura del que corta las espigas. ¡Nadie a través de mí! ¡Yo a través de vosotros!

Caballo Negro. Duerme, duerme, duerme.

Los Tres Caballos Blancos. *(Empuñan los bastones y por las conteras de éstos saltan tres chorros de agua.)* Te orinamos, te orinamos. Te orinamos como[196] orinamos a las yeguas, como la cabra orina el hocico del macho y el cielo orina a las magnolias para ponerlas de cuero.

Caballo Negro. *(A* Julieta.) A tu sitio. Que nadie pase a través de ti[197].

---

[194] Tachado a continuación en el Ms. «ahí tienes la forma concreta».

[195] Tachado debajo en el Ms. «lo oscuro».

[196] Tachado a continuación en el Ms. «la yegua».

[197] Tachado a continuación en el Ms. «y alegrate de haber llegado a las ultimas escaleras».

Julieta. ¿Me he de callar entonces? Un niño recién nacido es hermoso.

Los Tres Caballos Blancos. Es hermoso. Y arrastraría la cola por todo el cielo.

(Aparece por la derecha el Hombre 1 *con el* Director *de escena. El* Director *de escena viene como en el primer acto, transformado en* Arlequín[198] *blanco.)*

Hombre 1. ¡Basta, señores!

Director. ¡Teatro al aire libre!

Caballo Blanco 1. No. Ahora hemos inaugurado el verdadero teatro. El teatro[199] bajo la arena.

Caballo Negro. Para que se sepa la verdad de las sepulturas.

Los Tres Caballos Blancos. Sepulturas con anuncios, focos de gas y largas filas de butacas.

Hombre 1. ¡Sí! Ya hemos dado el primer paso. Pero yo sé positivamente que tres de vosotros se ocultan, que tres de vosotros nadan todavía en la superficie. *(Los Tres Caballos Blancos se agrupan inquietos.)* Acostumbrados al látigo de los cocheros y a las tenazas de los herradores tenéis miedo de[200] la verdad.

Caballo Negro. Cuando se hayan quitado el último traje de sangre, la verdad será una ortiga[201], un cangrejo devorado, o un trozo de cuero detrás de los cristales.

Hombre 1. Deben desaparecer inmediatamente de este sitio. Ellos tienen miedo del público. Yo sé la verdad, yo sé que no buscan a Julieta y ocultan un deseo que me hiere y que leo en sus ojos.

---

[198] Tachado debajo en el Ms. «pierrot».

[199] MN «el verdadero teatro, el teatro». Conservamos la puntuación del Ms.

[200] MN «tenéis miedo a la verdad». Seguimos el Ms.

[201] Tachado a continuación en el Ms. «al pie de un muro blanqueado», que concluiría esta intervención del Caballo Negro.

CABALLO NEGRO. No un deseo[202], todos los deseos. Como tú.

HOMBRE 1. Yo no tengo más que un deseo.

CABALLO BLANCO 1. Como los caballos, nadie olvida su máscara[203].

HOMBRE 1. Yo no tengo máscara[204].

DIRECTOR. No hay más que máscara. Tenía yo razón, Gonzalo. Si burlamos la máscara, ésta nos colgará de un árbol como al muchacho de América.

JULIETA. *(Llorando.)* ¡Máscara!

CABALLO BLANCO 1. Forma.

DIRECTOR. En medio de la calle, la máscara nos abrocha los botones y evita el rubor imprudente que a veces surge en las mejillas. En la alcoba, cuando nos metemos los dedos en las narices, o nos exploramos delicadamente el trasero, el yeso de la máscara[205] oprime de tal forma nuestra carne que apenas si podemos tendernos en el lecho.

HOMBRE 1. *(Al* DIRECTOR.*)* Mi lucha ha sido[206] con la máscara hasta conseguir verte desnudo. *(Lo abraza.)*

CABALLO BLANCO 1. *(Burlón.)* Un lago es una superficie.

HOMBRE 1. *(Irritado.)* ¡O un volumen!

CABALLO BLANCO 1. *(Riendo)*[207]. Un volumen son mil superficies.

---

[202] MN «No es un deseo». Seguimos el Ms., ya que la inclusión del verbo cambia el sentido de la frase.

[203] Tachado debajo en el Ms. «Veo que Observo que nadie olvida su masca».

[204] Tachado a continuación en el Ms. «Si tuvieseis vista, podríais ver mis arroyos de venas al descubierto y oir el enjambre de moscas que come de mi corazón.

      Los tres caballos bancos.–
            La mosca viene
            la mosca va
            y el caballo relincha
            en la catedral».

[205] Tachado a continuación en el Ms. «nos».

[206] Tachado debajo en el Ms. «es».

[207] Tachado a continuación en el Ms. «Mil superficies».

DIRECTOR. *(Al* HOMBRE 1.) No me abraces, Gonzalo. Tu amor[208] vive sólo en presencia de testigos. ¿No me has besado ya bastante[209] en la ruina? Desprecio tu elegancia y tu teatro. *(Luchan.)*

HOMBRE 1. Te amo delante de los otros porque abomino de la máscara y porque ya he conseguido arrancártela.

DIRECTOR. ¿Por qué soy tan débil?[210].

HOMBRE 1. *(Luchando.)* Te amo.

DIRECTOR. *(Luchando.)* Te escupo.

JULIETA. ¡Están luchando!

CABALLO NEGRO. Se aman.

LOS TRES CABALLOS BLANCOS[211].

Amor, amor, amor.
Amor del uno con el dos
y amor del tres que se ahoga
por ser uno entre los dos.

HOMBRE 1. Desnudaré tu esqueleto.

DIRECTOR. Mi esqueleto tiene siete luces.

HOMBRE 1. Fáciles para mis siete manos.

DIRECTOR. Mi esqueleto tiene siete sombras.

LOS TRES CABALLOS BLANCOS. Déjalo, déjalo.

CABALLO BLANCO 1. *(Al* HOMBRE 1.) Te ordeno que lo dejes.

---

[208] Tachado a continuación en el Ms. «solo».

[209] En el Ms. «lo bastante». Seguimos la solución dada por Martínez Nadal.

[210] Tachadas a continuación en el Ms. las intervenciones del Caballo Blanco 1 y los tres Caballos Blancos:

«CABALLO BLANCO 1. Luchas con una colección de disfraces
LOS TRES CABALLOS BLANCOS. Con una bailarina, con un sacerdote, con un guerrero con una cortesana».

[211] El texto desde esta intervención de los tres Caballos blancos, hasta la segunda del Director «Mi esqueleto tiene siete sombras», aparece señalado con una interrogación en el Ms., como si el autor dudase de su inclusión en la obra.

(Los Caballos separan al Hombre 1 y al Director)[212].

Director. *(Alegrísimo y abrazando al Caballo Blanco 1.)* Esclavo del león, puedo ser amigo[213] del caballo.
Caballo Blanco 1. *(Abrazándolo.)* Amor.
Director. Meteré las manos en las grandes bolsas para arrojar al fango las monedas y las sumas llenas de miguitas de pan.
Julieta. *(Al Caballo Negro.)* ¡Por favor!
Caballo Negro. *(Inquieto.)* Espera.
Hombre 1. No ha llegado todavía la hora[214] de que los caballos se lleven un desnudo que yo he hecho blanco a fuerza de lágrimas.

(Los Tres Caballos Blancos *detienen al* Hombre 1.)

Hombre 1. *(Enérgico.)* ¡Enrique!
Director. ¿Enrique? Ahí tienes a Enrique. *(Se quita rápidamente el traje y lo tira detrás de una columna. Debajo lleva un sutilísimo traje de bailarina. Por detrás de la columna aparece el traje de Enrique. Este personaje es el mismo* Arlequín *blanco con una careta amarillo pálido)*[215].
El Traje de Arlequín. Tengo frío. Luz eléctrica. Pan. Estaban quemando goma. *(Queda rígido.)*

---

[212] Tachado a continuación en el Ms.

«Director *(alegrisimo)* Blanco. Blanco. Topo caballo perro.
    Un solo impetu y una sola direccion.
    Los tres caballos blancos. Unicornio.
    Director *(abrazando al* Caballo Blanco 1) Hijo del canguro y».

La frase continuaría «esclavo del león».
[213] Tachado debajo en el Ms. «amante».
[214] En el Ms. «No ha llegado la hora todavía». Seguimos la inversión de la frase realizada por Martínez Nadal.
[215] Tachado debajo en el Ms. «de coral».

DIRECTOR. (*Al* HOMBRE 1.) No vendrás ahora conmigo. ¡Con la Guillermina de los caballos!²¹⁶.

CABALLO BLANCO 1. Luna y raposa, y botella de las tabernillas.

DIRECTOR. Pasaréis vosotros, y los²¹⁷ barcos, y los regimientos, y si quieren las cigüeñas, pueden pasar también. ¡Ancha soy!

LOS TRES CABALLOS BLANCOS. ¡Guillermina!

DIRECTOR. No Guillermina. Yo no soy Guillermina. Yo soy²¹⁸ la Dominga de los negritos. (*Se arranca las gasas y aparece vestido con un maillot todo lleno de pequeños cascabeles²¹⁹. Las arroja²²⁰ detrás de la columna y desaparece seguido de los* CABALLOS. *Entonces aparece²²¹ el personaje* TRAJE DE BAILARINA.)

EL TRAJE DE BAILARINA. Gui - guiller - guillermi - guillermina. Na - nami - namiller - namillergui. Dejadme entrar o dejadme salir. (*Cae al suelo dormida*)²²².

HOMBRE 1. ¡Enrique, ten cuidado con las escaleras!

DIRECTOR. (*Fuera.*) Luna y raposa de²²³ los marineros borrachos.

JULIETA. (*Al* CABALLO NEGRO.) Dame la medicina para dormir.

CABALLO NEGRO. Arena²²⁴.

---

²¹⁶ MN «¿No vendrás ahora conmigo, con la Guillermina de los caballos?». Conservamos la puntuación y el sentido del Ms.

²¹⁷ Tachado a continuación en el Ms. «caballos».

²¹⁸ MN «Yo no soy Guillermina, yo soy». Mantenemos la puntuación del Ms.

²¹⁹ Tachado debajo en el Ms. «pampanos».

²²⁰ En el Ms. «Lo arroja». MN «Arroja aquellas».

²²¹ MN «sale». Seguimos el Ms., que ofrece una oposición entre los dos verbos.

²²² MN «dormido». Mantenemos el género existente en el Ms. por subrayar el carácter femenino del personaje.

²²³ Tachado debajo en el Ms. «Mujer de todos».

²²⁴ Tachado en el Ms. «¿Quieres que te dé arena?».

Hombre 1. *(Gritando.)* ¡En pez luna, sólo deseo que tú seas un pez luna! ¡Que te conviertas en pez luna! *(Sale detrás[225] violentamente.)*

El Traje de Arlequín. Enrique. Luz eléctrica. Pan. Estaban quemando goma.

(Aparecen por la izquierda[226] el Hombre 3 y el Hombre 2. El Hombre 2 es la mujer[227] del pijama negro y las amapolas del cuadro uno. El Hombre 3, sin transformar.)

Hombre 2. Me quiere tanto que si nos ve juntos sería capaz de asesinarnos. Vamos. Ahora yo te serviré para siempre.

Hombre 3. Tu belleza era hermosa por debajo de las columnas.

Julieta. *(A la pareja.)* Vamos a cerrar la puerta.

Hombre 2. La puerta del teatro no se cierra nunca.

Julieta. Llueve mucho, amiga mía.

(Empieza a llover. El Hombre 3 saca del bolsillo una careta de ardiente expresión y se cubre el rostro.)

Hombre 3. *(Galante.)* ¿Y no pudiera quedarme a dormir en este sitio?

Julieta. ¿Para qué?

Hombre 3. Para gozarte[228]. *(Habla con ella.)*

Hombre 2[229]. *(Al Caballo Negro.)* ¿Vio salir a un hombre con barba negra, moreno, al que chirriaban un poco los zapatos de charol?

[225] MN «Hace mutis». Seguimos el Ms.
[226] Tachado debajo en el Ms. «rapidamente».
[227] Tachado debajo en el Ms. «viene con el».
[228] Tachado en el Ms. «su prodigiosa compañía».
[229] Tachado a continuación en el Ms.:
«(al caballo negro) ¿Estoy ciego?
Caballo negro No».

CABALLO NEGRO. Nunca lo vi.

HOMBRE 3. *(A JULIETA.)* ¿Y quién mejor que yo para de FENDERTE?

JULIETA. ¿Y quién más digna de amor que tu amiga?

HOMBRE 3. ¿Mi amiga? *(Furioso.)* ¡Siempre por vuestra culpa pierdo! Esta[230] no es mi amiga[231]. Esta[232] es una máscara, una escoba, un perro débil de sofá.

> *(Lo desnuda violentamente, le quita el pijama, la peluca y aparece el* HOMBRE 2, *sin barba, con el traje del primer cuadro.)*

HOMBRE 2. ¡Por caridad!

HOMBRE 3. *(A JULIETA.)* Lo traía disfrazado para defenderlo de los bandidos. Bésame la mano, besa la mano de tu protector.

> *(Aparece el* TRAJE DE PIJAMA *con las amapolas. La cara de este personaje es blanca, lisa y comba como un huevo de avestruz. El* HOMBRE 3 *empuja al* HOMBRE 2[233] *y los hace desaparecer por la derecha.)*

HOMBRE 2. ¡Por caridad!

> *(El* TRAJE *se sienta en las escaleras y golpea lentamente[234] su cara lisa con las manos, hasta el final.)*

HOMBRE 3. *(Saca del bolsillo una gran capa roja que pone sobre sus hombros enlazando a* JULIETA.*)* «Mira, amor, qué

---

230 MN «Siempre por vuestra culpa pierdo». Mantenemos los signos de admiración del Ms.
231 Tachado a continuación en el Ms. «puedes estar sin miedo».
232 MN «mi amiga, esta es». Conservamos la puntuación del Ms.
233 Tachado debajo en el Ms. «primero».
234 Tachado debajo en el Ms. «furiosamente».

maliciosos rayos de luz entrelazan las rotas nubes allá en Oriente»[235]. El viento quiebra las ramas del ciprés...

JULIETA. ¡No es así!

HOMBRE 3. ... Y visita en la India a todas las mujeres[236] que tienen las manos[237] de agua.

CABALLO NEGRO. *(Agitando la rueda.)* ¡Se va a cerrar!

JULIETA. ¡Llueve mucho!

HOMBRE 3. Espera, espera. Ahora canta el ruiseñor.

JULIETA. *(Temblando.)* ¡El ruiseñor, Dios mío! ¡El ruiseñor...!

CABALLO NEGRO. ¡Que no te sorprenda! *(La coge rápidamente y la tiende en el sepulcro.)*

JULIETA. *(Durmiéndose.)* ¡El ruiseñor...!

CABALLO NEGRO. *(Saliendo.)* Mañana volveré con la arena.

JULIETA. Mañana.

HOMBRE 3. *(Junto al sepulcro.)* ¡Amor mío, vuelve! El viento quiere las hojas de los arces[238]. ¿Qué has hecho? *(Las abraza.)*

VOZ FUERA. ¡Enrique!

EL TRAJE DE ARLEQUÍN. Enrique.

EL TRAJE DE BAILARINA. Guillermina. ¡Acabad ya de una vez! *(Llora.)*

HOMBRE 3. Espera, espera. Ahora canta el ruiseñor. *(Se oye la bocina[239] de un barco. El* HOMBRE 3 *deje la careta sobre el rostro de* Julieta *y cubre el cuerpo de ésta con la capa roja.) Llueve demasiado. (Abre un paraguas y sale en silencio sobre la punta de los pies.)*

---

[235] En el Ms. se especifica «aquí las palabras de Shakespeare». Seguimos la elección de Martínez Nadal (acto tercero, escena quinta, de *Romeo y Julieta)* por las razones que se especifican en el apartado *Shakespeare como contrapunto.* Las palabras de Shakespeare son: «Look, love, what envious streaks / Do lace the severing clouds in yonder East». La traducción es nuestra.

[236] Tachado debajo en el Ms. «viejecitas».

[237] MN «manos». Seguimos el Ms.

[238] Tachado debajo en el Ms. «que seria la vida sin ti!» Sustituido por la expresión que parafrasea las palabras de Shakespeare.

[239] Tachado debajo en el Ms. «la bocina de un sirena de un».

Hombre 1. *(Entrando.)* Enrique, ¿cómo has vuelto?

El Traje de Arlequín. *(En el mismo tono.)* Enrique, ¿cómo has vuelto?

Hombre 1. ¿Por qué te burlas?

El Traje de Arlequín. ¿Por qué te burlas?

Hombre 1. *(Abrazando al* Traje.*)* Tenías que volver para mí, para mi amor inagotable, después de haber vencido las hierbas y los caballos.

El Traje de Arlequín. ¡Los caballos![240].

Hombre 1. ¡Dime, dime que has vuelto por mí![241].

El Traje de Arlequín. *(Con voz débil.)* Tengo frío. Luz eléctrica. Pan. Estaban quemando goma.

Hombre 1. *(Abrazando al* Traje *con violencia.)* ¡Enrique!

El Traje de Arlequín. *(Con voz cada vez más débil.)* Enrique...[242].

El Traje de Bailarina. *(Con voz tenue.)* Guillermina...

Hombre 1. *(Arrojando el* Traje *al suelo y subiendo por las escaleras.)* ¡Enriqueee!

El Traje de Arlequín. *(En el suelo)*[243]. Enriqueeeee...

> *(La figura con el rostro de huevo se lo golpea incesantemente con las manos*[244]*. Sobre el ruido de la lluvia canta el verdadero ruiseñor.)*

> *(Telón.)*

---

[240] MN «¡Los caballos...!». Mantenemos la puntuación del Ms.

[241] MN «para mi». Seguimos el Ms., donde a continuación aparece tachado «Enrique».

[242] Ms «Enrique». Mantenemos los signos de puntuación añadidos por Martínez Nadal, al igual que en la intervención siguiente.

[243] MN *«(En el suelo y muy débilmente)»*. Seguimos el Ms.

[244] MN «golpea incesantemente su cara con las manos». Seguimos el Ms.

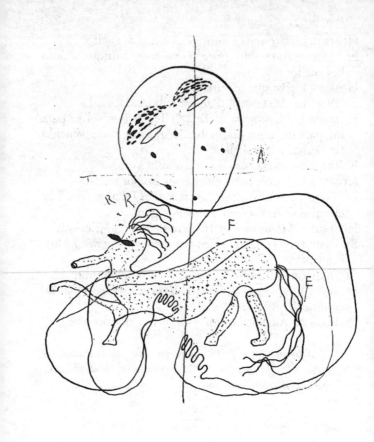

Cuadro quinto[245]

(En el centro de la escena, una cama de frente y per-
pendicular, como pintada por un primitivo, donde hay
un DESNUDO ROJO[246] *coronado de espinas azules. Al*
fondo, unos arcos y escaleras que conducen a los palcos
de un gran teatro. A la derecha, la portada de una uni-
versidad. Al levantarse el telón se oye una salva de
aplausos.)

DESNUDO[247]. ¿Cuándo acabáis?[248].

ENFERMERO. *(Entrando rápidamente.)* Cuando cese el tumulto.

DESNUDO. ¿Qué piden?

ENFERMERO. Piden la muerte del Director de escena.

DESNUDO. ¿Y qué dicen de mí?

ENFERMERO. Nada.

DESNUDO. Y de Gonzalo, ¿se sabe algo?

ENFERMERO. Lo están buscando en la ruina.

DESNUDO. Yo deseo morir. ¿Cuántos vasos de sangre me
habéis[249] sacado?

---

245 En el Ms. «Cuadro 5».
246 LCV «viejo».
247 Tachado a continuación en el Ms. «Ay ay».
248 LCV «acabas». Palabra dudosa en el Ms.
249 LCV «habrán». Palabra dudosa en el Ms.

ENFERMERO. Cincuenta. Ahora te daré la hiel, y[250] luego, a las ocho, vendré con el bisturí para ahondarte la herida del costado.

DESNUDO. Es la que tiene más vitaminas.

ENFERMERO. Sí[251].

DESNUDO. ¿Dejaron salir a la gente bajo la arena?

ENFERMERO. Al contrario. Los soldados y los ingenieros están cerrando todas la salidas.

DESNUDO. ¿Cuánto falta para Jerusalén?

ENFERMERO. Tres estaciones, si[252] queda bastante carbón.

DESNUDO. Padre mío, aparta de mí este cáliz de amargura.

ENFERMERO. Cállate. Ya es éste el tercer termómetro que rompes.

(Aparecen los ESTUDIANTES. *Visten mantos negros y becas rojas.)*

ESTUDIANTE 1. ¿Por qué no limamos los hierros?

ESTUDIANTE 2. La callejuela está llena de gente armada y es difícil huir[253] por allí.

ESTUDIANTE 3. ¿y los caballos?

ESTUDIANTE 1[254]. Los caballos lograron escapar rompiendo el techo de la escena.

ESTUDIANTE 4. Cuando estaba encerrado en la torre los vi subir, agrupados, por la colina[255]. Iban con el Director de escena.

ESTUDIANTE 1. ¿No tiene foso el teatro?

ESTUDIANTE 2. Pero hasta los fosos están abarrotados de público. Más vale quedarse. *(Se oye una salva de aplausos.*

---

[250] MN «la hiel y». Seguimos la puntuación de LCV.

[251] Tachado a continuación en el Ms. «pero ya ha inutilizado todos».

[252] MN «estaciones si». Seguimos la puntuación de LCV.

[253] Tachado debajo en el Ms. «escapar».

[254] LCV «Estudiante 5», por confusión con el número realizado por Lorca en el Ms., que pudiera parecer un cinco.

[255] MN «subir agrupados por la colina». Seguimos la puntuación de LCV.

El Enfermero *incorpora al* Desnudo *y le arregla las almohadas.)*

Desnudo. Tengo sed.

Enfermero. Ya se ha enviado al teatro por el agua.

Estudiante 4. La primera bomba de la revolución barrió la cabeza del profesor de retórica.

Estudiante 2. Con gran alegría para su mujer, que ahora trabajará tanto que tendrá que ponerse dos grifos en las tetas.

Estudiante 3. Dicen que por las noches subía un caballo con ella a la terraza.

Estudiante 1. Precisamente ella fue la que vio, por una claraboya del teatro, todo[256] lo que ocurría y dio la voz de alarma.

Estudiante 4. Y aunque los poetas pusieron una escalera para asesinarla, ella siguió dando voces y acudió la multitud[257].

Estudiante 2. ¿Se llama?[258].

Estudiante 3. Se llama Elena.

Estudiante 1. *(Aparte.)* Selene.

Estudiante 2. *(Al* Estudiante 1.) ¿Qué te pasa?

Estudiante 1. Tengo miedo de salir al aire.

(Por las escaleras bajan los dos Ladrones. *Varias* Damas *vestidas de noche salen precipitadamente de los palcos. Los* Estudiantes *discuten.)*

Dama 1. ¿Estarán todavía los coches a la puerta?

Dama 2. ¡Qué horror!

---

[256] MN «vio por una claraboya del teatro todo». Seguimos la puntuación de LCV.

[257] Inicialmente el autor había estructurado la frase del siguiente modo: «Los poetas pusieron una escalera para asesinarla, pero ella siguio dando voces y acudio la multitud».

[258] Tachado debajo en el Ms. «La gente tiene razon».

DAMA 3. Han encontrado al Director de escena dentro del sepulcro.

DAMA 1. ¿Y Romeo?

DAMA 4. Lo estaban desnudando cuando salimos.

MUCHACHO 1. El público quiere que el poeta sea arrastrado por los caballos[259].

DAMA 1. Pero ¿por qué? Era un drama delicioso, y la revolución no tiene derecho a[260] profanar las tumbas.

DAMA 2. Las voces estaban vivas y sus apariencias también. ¿Qué necesidad teníamos de lamer los esqueletos?

MUCHACHO 1. Tiene razón. El acto del sepulcro estaba prodigiosamente desarrollado. Pero yo descubrí la mentira[261] cuando vi los pies de Julieta. Eran pequeñísimos.

DAMA 2. ¡Delicioso![262]. No querrá usted ponerles reparos.

MUCHACHO 1. Sí, pero eran demasiado pequeños para ser pies de mujer. Eran demasiado perfectos y demasiado femeninos. Eran pies de hombre, pies inventados por un hombre.

DAMA 2. ¡Qué horror!

(Del teatro llegan murmullos y ruidos de espadas.)

DAMA 3. ¿No podremos salir?

MUCHACHO 1. En este momento llega la revolución a la catedral. Vamos por la escalera. *(Salen.)*

ESTUDIANTE 4. El tumulto comenzó cuando vieron que Romeo y Julieta se amaban de verdad[263].

---

[259] Esta frase sustituye a la que aparece tachada en el Ms. «El publico ha saltado por la orquesta».

[260] LCV «para», vocablo existente en el Ms.

[261] Tachado debajo en el Ms. «engaño».

[262] MN «¡Deliciosos!». Seguimos LCV. El plural es dudoso en el Ms.

[263] A continuación se encuentra tachada en el Ms. una intervención del Estudiante 3. «Fue el dia de la primera representacion».

ESTUDIANTE 2. Precisamente fue por todo lo contrario. El tumulto comenzó cuando observaron que no se amaban, que no podían amarse nunca.

ESTUDIANTE 4. El público tiene sagacidad para descubrirlo todo y por eso protestó.

ESTUDIANTE 2. Precisamente por eso[264]. Se amaban los esqueletos y estaban amarillos de llama, pero no se amaban los trajes, y el público vio varias veces la cola de Julieta cubierta de pequeños sapitos de asco.

ESTUDIANTE 4. La gente se olvida de los trajes en las representaciones, y la[265] revolución estalló cuando se encontraron a la verdadera Julieta amordazada debajo de las sillas y cubierta de algodones para que no gritase.

ESTUDIANTE 1. Ahí[266] está la gran equivocación de todos y por eso el teatro agoniza: el público[267] no debe atravesar las sedas y los cartones que[268] el poeta levanta en su dormitorio. Romeo puede ser un ave y Julieta puede ser una piedra. Romeo puede ser un grano de sal y Julieta puede ser un mapa. ¿Qué le importa esto al público?

ESTUDIANTE 4. Nada. Pero un ave no puede ser un gato, ni una piedra puede ser un golpe de mar.

ESTUDIANTE 2. Es cuestión de forma, de máscara. Un gato puede ser[269] una rana, y la[270] luna de invierno puede ser muy bien un haz de leña cubierto de gusanos ateridos. El público se ha de dormir en la palabra, y no[271] ha de ver

---

[264] A continuación aparece tachada en el Ms. «Se amaban los trajes pero se ama». El autor inicialmente pensaba organizar la frase al contrario de como la escribió al final.

[265] MN «representaciones y la». Seguimos la puntuación de LCV.

[266] LCV «Aquí», palabra que coincide con el Ms. Seguimos la corrección de Martínez Nadal.

[267] MN «agoniza. El público». Seguimos la puntuación del Ms. y LCV.

[268] Tachado a continuación en el Ms. «que levanta en vilo la fantasía».

[269] Tachado en el Ms. «muy bien».

[270] MN «rana y la luna». Seguimos la puntuación de LCV.

[271] MN «palabra y no». Seguimos la puntuación de LCV.

a través de la columna las ovejas[272] que balan y las nubes que van por el cielo.

ESTUDIANTE 4. Por eso ha estallado la revolución. El Director de escena abrió los escotillones, y la[273] gente pudo ver cómo el veneno de las venas falsas había causado la muerte verdadera de muchos niños. No son las formas[274] disfrazadas las que levantan la vida, sino el cabello de barómetro que tienen detrás.

ESTUDIANTE 2. En último caso, ¿es que Romeo y Julieta tienen que ser necesariamente un hombre y una mujer para que la escena del sepulcro se produzca de manera viva y desgarradora?

ESTUDIANTE 1. No es necesario, y esto era lo que se propuso demostrar con genio el Director de escena.

ESTUDIANTE 4. *(Irritado)*[275]. ¿Que no es necesario? Entonces que se paren las máquinas y arrojad los granos de trigo sobre un campo de acero.

ESTUDIANTE 2. ¿Y qué pasaría? Pasaría que vendrían los hongos, y los latidos se harían quizás más intensos y apasionantes. Lo que pasa es que se sabe lo que alimenta un grano de trigo y se ignora lo que alimenta un hongo[276].

ESTUDIANTE 5. *(Saliendo de los palcos.)* Ha llegado el juez y, antes[277] de asesinarlos, les van a hacer repetir la escena del sepulcro.

ESTUDIANTE 4. Vamos. Veréis[278] como tengo razón.

---

[272] Tachado a continuación en el Ms. «dormidas y el reloj de la sangre».

[273] MN «escotillones y la». Seguimos la puntuación de LCV.

[274] LCV «firmas».

[275] En LCV no aparece esta puntualización.

[276] Tachado a continuación en el Ms. «¡Pero que admirable vida y que ojos nuevos crearian cuando los arados se hicieran amigos de sus sombrillitas!».

[277] MN «juez, y antes». Seguimos la puntuación de LCV.

[278] LCV «Verás». El vocablo aparece dudoso en el Ms.

Estudiante 2. Sí. Vamos a ver la última Julieta verdaderamente femenina que se verá en el teatro. *(Salen rápidamente.)*

Desnudo. Padre mío, perdónalos, que no saben lo que se hacen.

Enfermero. *(A los* Ladrones.*)* ¿Por qué llegáis a esta hora?

Los Ladrones[279]. Se ha equivocado el traspunte.

Enfermero. ¿Os han puesto las inyecciones?

Los Ladrones. Sí.

(Se sientan a los pies de la cama con unos cirios encendidos. La escena queda en penumbra. Aparece el Traspunte.*)*

Enfermero. ¿Son éstas horas de avisar?

Traspunte. Le ruego me perdone, pero se había perdido la barba de José de Arimatea.

Enfermero. ¿Está preparado el quirófano?

Traspunte. Sólo faltan los candeleros, el cáliz y las ampollas de aceite alcanforado.

Enfermero. Date prisa. *(Se va*[280] *el* Traspunte.*)*

Desnudo. ¿Falta mucho?

Enfermero. Poco. Ya han dado la tercera campanada. Cuando el[281] Emperador se disfrace de Poncio Pilatos[282].

Muchacho 1[283]. *(Aparece con las* Damas.*)* ¡Por favor! No se dejen ustedes dominar por el pánico.

Dama 1. Es horrible perderse en un teatro y no encontrar la salida.

---

[279] LCV «ladrones». El artículo se encuentra claramente expresado en el Ms.

[280] MN «sale». Seguimos el Ms.

[281] Tachado debajo en el Ms. «Solo falta que el».

[282] LCV «Pilato», como aparece en el Ms.

[283] En el Ms. «Muchacho 1.º».

DAMA 2. Lo que más miedo me ha dado ha sido el lobo de cartón y las cuatro serpientes en el estanque de hojalata.

DAMA 3. Cuando subíamos por el monte de la ruina creímos ver la luz de la aurora, pero tropezamos con los telones y traigo mis zapatos de tisú manchados de petróleo.

DAMA 4. (*Asomándose*[284] *a los arcos.*) Están representando otra vez la escena del sepulcro. Ahora es seguro que el fuego romperá las puertas, porque cuando yo lo vi hace un momento[285], ya los guardianes tenían las manos achicharradas y no lo podían contener.

MUCHACHO 1. Por las ramas de aquel árbol podemos alcanzar uno de los balcones y desde allí pediremos auxilio.

ENFERMERO. (*En voz alta*)[286]. ¿Cuándo va a comenzar el toque de agonía?

(*Se oye una campana*)[287].

LOS LADRONES. (*Levantando los cirios.*) Santo. Santo. Santo[288].

DESNUDO. Padre: en tus manos encomiendo mi espíritu.

ENFERMERO. Te has adelantado dos minutos.

DESNUDO. Es que el ruiseñor ha cantado ya.

ENFERMERO. Es cierto. Y las farmacias están abiertas para la agonía.

DESNUDO. Para la agonía del hombre solo, en las plataformas y en los trenes.

ENFERMERO. (*Mirando el reloj y en voz alta.*) Traed la sábana. Mucho cuidado con que el aire que ha de soplar no se lleve vuestras pelucas. De prisa.

---

[284] LCV «arrimándose». La grafía de este vocablo es dudosa en el Ms. Seguimos la acepción de Martínez Nadal.

[285] MN «las puertas porque cuando yo lo vi, hace un momento». Conservamos la puntuación del Ms.

[286] Ms. «en alta voz».

[287] En LCV no aparece esta puntualización.

[288] MN «Santo, Santo, Santo». Mantenemos la puntuación del Ms.

Los Ladrones. Santo. Santo. Santo.
Desnudo. Todo se ha consumado.

> *(La cama gira sobre un eje[289] y el Desnudo desaparece.
> Sobre el reverso del lecho aparece tendido el Hombre 1,
> siempre con frac y barba negra.)*

Hombre 1. *(Cerrando los ojos.)* ¡Agonía!

> *(La luz[290] toma un fuerte[291] tinte plateado de pantalla
> cinematográfica. Los arcos y escaleras del fondo aparecen
> teñidos de una granulada luz azul. El Enfermero y
> los Ladrones[292] desaparecen con paso de baile sin dar
> la espalda. Los Estudiantes salen por debajo de uno
> de los arcos. Llevan pequeñas linternas eléctricas.)*

Estudiante 4. La actitud del público ha sido detestable.
Estudiante 1. Detestable. Un espectador no debe formar nunca parte del drama. Cuando la gente va al acuario[293] no asesina a las serpientes de mar, ni a las ratas de agua, ni a los peces cubiertos de lepra, sino que resbala sobre los cristales sus ojos y aprende.
Estudiante 4. Romeo era un hombre de treinta años y Julieta un muchacho de quince. La denuncia del público fue[294] eficaz.
Estudiante 2. El Director de escena evitó de manera genial que la masa de espectadores se enterase de esto, pero los Caballos y la revolución han destruido sus planes[295].

---

289 MN «su eje». Seguimos el Ms.
290 Tachado a continuación en el Ms. «cambia se vuelve plateado».
291 Palabra no recogida en LCV.
292 LCV «los ladrones y el enfermero». En este orden se encuentran en el Ms., aunque el autor ha corregido esta colocación añadiendo los números 1 y 2 a «enfermero» y «ladrones», respectivamente.
293 En el Ms. y LCV «acuarium».
294 MN «ha sido». Seguimos el Ms. y LCV.
295 Tachado a continuación en el Ms. «De todos modos».

Estudiante 4. Lo que es inadmisible es que los hayan asesinado[296].

Estudiante 1. Y que hayan asesinado también[297] a la verdadera Julieta que gemía debajo de las butacas.

Estudiante 4. Por pura curiosidad, para ver lo que tenían dentro.

Estudiante 3. ¿Y qué han sacado en claro? Un racimo de heridas y una desorientación absoluta.

Estudiante 4. La repetición del acto ha sido maravillosa, porque[298] indudablemente se amaban con un amor[299] incalculable, aunque yo no lo justifique. Cuando cantó el ruiseñor yo no pude contener mis lágrimas.

Estudiante 3. Y toda la gente. Pero después enarbolaron los cuchillos y los bastones porque la letra era más fuerte que ellos, y la doctrina[300] cuando desata su cabellera puede atropellar sin[301] miedo las verdades[302] más inocentes[303].

Estudiante 5. *(Alegrísimo.)* Mirad, he conseguido[304] un zapato de Julieta. La estaban amortajando las monjas y lo he robado.

Estudiante 4. *(Serio.)* ¿Qué Julieta?

Estudiante 5. ¿Qué Julieta iba a ser? La que estaba en el escenario, la que tenía los pies más bellos del mundo.

---

[296] Tachado seguidamente en el Ms. «para enterarse».

[297] Suprimido este vocablo en LCV.

[298] MN «maravillosa porque». Seguimos la puntuación de LCV.

[299] Tachado a continuación en el Ms. «sin tacha».

[300] MN «ellos y la doctrina». Seguimos la puntuación de LCV.

[301] Tachado a continuación en el Ms. «impos».

[302] MN «a las verdades». Preposición tachada en el Ms.

[303] Seguidamente aparece tachada en el Ms. una intervención del Estudiante 1:

«Es 1 Mañana me voy a enamorar de un arbol y el otro».

[304] MN «Mirad: he conseguido». La puntuación no se encuentra especificada en el Ms.

ESTUDIANTE 4. *(Con asombro.)* ¿Pero no te has dado cuenta[305] de que la Julieta que estaba en el sepulcro era un joven disfrazado, un truco del Director de escena, y que la verdadera Julieta estaba amordazada debajo de los asientos?

ESTUDIANTE 5. *(Rompiendo a reír.)* ¡Pues me gusta! Parecía[306] muy hermosa, y si[307] era un joven disfrazado no me importa nada. En cambio[308], no hubiese[309] recogido el zapato de aquella muchacha llena de polvo que gemía como una gata[310] debajo de las sillas.

ESTUDIANTE 3. Y, sin embargo, por eso la han asesinado[311].

ESTUDIANTE 5. Porque están locos. Pero a mí[312] que subo dos veces todos los días la montaña[313] y guardo, cuando terminan mis estudios, un enorme rebaño de toros; con los que tengo que luchar y vencer cada instante[314], no me queda tiempo para pensar si es hombre o mujer[315] o niño, sino para ver que me gusta con un alegrísimo deseo.

ESTUDIANTE 1. ¡Magnífico! ¿Y si yo quiero enamorarme de un cocodrilo?

ESTUDIANTE 5. Te enamoras.

ESTUDIANTE 1. ¿Y si quiero enamorarme de ti?

ESTUDIANTE 5. *(Arrojándole[316] el zapato.)* Te enamoras también, yo te dejo, y te subo en hombros por los riscos.

---

[305] Palabra que sustituye en el Ms. a «enterado».

[306] Vocablo que sustituye en el Ms. a «era».

[307] MN «hermosa y si». Seguimos la puntuación de LCV.

[308] LCV «nada, en cambio».

[309] MN «habría». Seguimos el Ms.

[310] LCV «gota».

[311] Tachado a continuación en el Ms. «juntamente con su autor».

[312] Ms. «yo». Seguimos la corrección realizada por Martínez Nadal.

[313] MN «a la montaña». Seguimos el Ms. y LCV.

[314] MN «vencer a cada instante». Seguimos el Ms. y LCV. Este último vocablo sustituye al tachado en el Ms. «momento».

[315] Tachado a continuación en el Ms. «sino para ver que gusta y que muero de deseo».

[316] Tachado debajo en el Ms. «Tirand».

Estudiante 1. Y lo destruimos todo.

Estudiante 5. Los tejados y las familias.

Estudiante 1. Y donde se hable[317] de amor entraremos con botas de foot-ball[318] echando fango por los espejos.

Estudiante 5. Y quemaremos el libro donde los sacerdotes leen la misa.

Estudiante 1. Vamos. ¡Vamos pronto![319]

Estudiante 5. Yo tengo cuatrocientos toros. Con las maromas que torció mi padre los engancharemos a las rocas para partirlas y que salga un volcán.

Estudiante 1. ¡Alegría! Alegría de los muchachos y de las muchachas, y de las ranas, y de los pequeños taruguitos de madera[320].

Traspunte. (Apareciendo.) ¡Señores!, clase de geometría descriptiva[321].

> *(La escena va quedando[322] en penumbra. Los Estu-diantes encienden sus linternas y entran en la univer-sidad.)*

Traspunte. *(Displicente.)* ¡No hagan sufrir a los cristales![323]

Estudiante 5. *(Huyendo por los arcos con el* Estudiante 1.*)* ¡Alegría! ¡Alegría! ¡Alegría!

---

[317] Expresión que sustituye en el Ms. a «haya».

[318] Ms. «foot-ball». MN «futbol». Conservamos la acepción existente en el Ms. por contener una mayor carga de vanguardismo, en consonancia con el lenguaje de la época.

[319] MN «¡Vamos! ¡Vamos pronto!». Seguimos la puntuación del Ms. y de LCV.

[320] MN con signos de admiración. Seguimos la puntuación del Ms. y LCV.

[321] MN «Señores, clase de geometría descriptiva». Conservamos la puntuación del Ms. En LCV «Señores: Clase».

[322] Expresión que sustituye en el Ms. a «queda».

[323] MN «No hagan sufrir a los cristales». Mantenemos los signos de admiración del Ms. y de LCV.

HOMBRE 1. Agonía. Soledad del hombre en el sueño[324] lleno de ascensores y[325] trenes donde tú vas a velocidades inasibles[326]. Soledad de los edificios, de las esquinas, de[327] las playas, donde tú no aparecerías ya nunca.

DAMA 1. *(Por las escaleras.)* ¿Otra vez la misma decoración? ¡Es horrible![328].

MUCHACHO 1. ¡Alguna puerta será la verdadera!

DAMA 2. ¡Por favor! ¡No me suelte usted de la mano!

MUCHACHO 1. Cuando amanezca nos guiaremos por las claraboyas.

DAMA 3. Empiezo a tener frío con este traje.

HOMBRE 1. *(Con voz débil.)* ¡Enrique, Enrique!

DAMA 1. ¿Qué ha sido eso?

MUCHACHO 1. Calma.

(La escena está a oscuras. La linterna del MUCHACHO 1 *ilumina la cara muerta del* HOMBRE 1.)*

(Telón.)

---

[324] Tachado a continuación en el Ms. «donde pasan los».

[325] LCV, suprimida la conjunción existente en el Ms.

[326] LCV «increíbles». Aparece claro en el Ms. el vocablo «inasibles».

[327] Tachado a continuación en el Ms. «los puen».

[328] A partir de aquí, y hasta el final del cuadro, copiado de *Los Cuatro Vientos,* por faltar esta hoja en el Ms.

Solo del pastor bobo[329]

(Cortina azul. En el centro[330], un gran armario lleno de caretas blancas de diversas expresiones. Cada careta tiene su lucecita delante. El PASTOR BOBO *viene por la derecha. Viste de pieles bárbaras y lleva en la cabeza un embudo lleno de plumas y ruedecillas. Toca un aristón y danza con ritmo lento.)*

EL PASTOR.

El pastor bobo guarda las caretas,
las caretas
de los pordioseros[331] y de los poetas[332],
que matan a[333] las gipaetas
cuando vuelan por las aguas quietas.
Careta[334],
de los niños que usan la puñeta
y se pudren debajo de una seta.
Caretas[335],
de las águilas con muletas.

---

[329] Título no existente en el Ms. Mantenemos la denominación de Martínez Nadal.
[330] Tachado en el Ms. «A la izquierda».
[331] Tachado en el Ms. «intelectuales».
[332] MN «de los poetas».
[333] Tachado en el Ms. «lloran con».
[334] MN «Careta». Sin especificar la puntuación en el Ms.
[335] MN «Caretas».

Careta de la careta
que era de yeso de Creta
y se puso de lanita[336] color violeta
en el asesinato de Julieta.
Adivina. Adivinilla. Adivineta[337],
de un teatro sin lunetas
y un cielo[338] lleno de sillas
con el hueco de una careta.
Balad, balad, balad, caretas.

(Las caretas balan imitando las ovejas y alguna tose.)

Los caballos se comen la seta
y se pudren bajo la veleta.
Las águilas usan la puñeta
y se llenan de fango bajo el cometa.
Y el cometa devora la gipaeta
que rayaba el pecho del poeta[339].
¡Balad, balad, balad, caretas!
Europa se arranca las tetas,
Asia se queda sin lunetas
y América es un cocodrilo
que no necesita careta.
La musiquilla, la musiqueta
de las púas heridas y la limeta.

(Empuja el armario, que va montado sobre ruedas, y desaparece. Las caretas balan.)

---

[336] Vocablo dudoso en el Ms. Seguimos la interpretación dada por Martínez Nadal.

[337] MN «Adivina, adivinilla, adivineta». Conservamos la puntuación del Ms.

[338] MN «de un cielo». Mantenemos la corrección realizada en el Ms.

[339] A continuación MN deja un espacio entre los versos no existente en el Ms.

Cuadro sexto[340]

(La misma decoración que en el primer cuadro[341]. A la izquierda, una gran cabeza de caballo colocada en el suelo. A la derecha, un ojo enorme y un grupo de árboles con nubes apoyadas en la pared[342]. Entra el DIRECTOR de escena con el PRESTIDIGITADOR. El PRESTIDIGITADOR viste de frac, capa blanca de raso que le llega a los pies y lleva sombrero de copa. El DIRECTOR de escena tiene el traje del primer cuadro)[343].

DIRECTOR. Un prestidigitador no puede resolver este asunto, ni un médico, ni un astrónomo, ni nadie. Es muy sencillo soltar a los leones y luego llover azufre sobre ellos. No siga usted hablando.

PRESTIDIGITADOR. Me parece que usted, hombre de máscara, no recuerda[344] que nosotros usamos la cortina oscura[345].

DIRECTOR. Cuando las gentes están en el cielo. Pero[346] dígame, ¿qué cortina se puede usar en un sitio donde el

---

[340] Ms. «cuadro 6».
[341] MN «cuadro primero». Seguimos el Ms.
[342] Tachado a continuación en el Ms. «El director de escena se pasea lleno de agitación El juez vestido de negro esta sentado en una silla».
[343] MN «cuadro primero». Seguimos el Ms.
[344] Expresión que sustituye en el Ms. a «se olvida».
[345] Tachado en el Ms. «opaca».
[346] Ms. «en el cielo, pero». MN «en el cielo; pero».

aire es tan violento que desnuda a las gentes y hasta los niños llevan navajitas para rasgar los telones?[347].

PRESTIDIGITADOR. Naturalmente, la cortina del prestidigitador presupone un orden en la oscuridad del truco, por eso[348], ¿por qué eligieron ustedes una tragedia manida[349] y no hicieron un drama original?

DIRECTOR. Para expresar lo que pasa todos los días en todas las grandes ciudades y en los campos por medio de un ejemplo que, admitido por todos a pesar de su originalidad, ocurrió sólo una vez. Pude haber elegido el Edipo o el Otelo. En cambio, si hubiera levantado el telón con la verdad original, se habrían[350] manchado de sangre las butacas desde las primeras escenas.

PRESTIDIGITADOR. Si hubieran empleado «la flor[351] de Diana», que la angustia de Shakespeare utilizó[352] de manera irónica en *El sueño de una Noche de Verano,* es probable que la representación habría terminado con éxito. Si[353] el amor es pura casualidad y Titania, reina de los Silfos, se enamora de un asno, nada de particular tendría que, por el mismo procedimiento, Gonzalo bebiera en el music-hall[354] con un muchacho vestido de blanco sentado en las rodillas.

DIRECTOR. Le suplico[355] no siga hablando.

PRESTIDIGITADOR. Construyan ustedes un arco de alambre, una cortina, y un árbol[356] de frescas hojas, corran y des-

---

[347] En el Ms. signos de admiración. Mantenemos la corrección de Martínez Nadal.

[348] MN «pero por eso». Seguimos la rectificación realizada en el Ms.

[349] Tachado debajo en el Ms. «drama clasico».

[350] En el Ms. «hubieran». Mantenemos la corrección de Martínez Nadal.

[351] MN «La flor». Seguimos el Ms.

[352] Tachado debajo en el Ms. «empleó».

[353] Tachado a continuación en el Ms. «Titania».

[354] MN utiliza comillas no existentes en el Ms. El uso de la palabra inglesa parece obedecer a la razón expuesta en el caso anterior de «foot-ball».

[355] MN «Le suplico, no siga hablando». Seguimos el Ms.

[356] Tachado a continuación en el Ms. «que se convierta en huevo de serpiente».

corran la cortina[357] a tiempo y nadie se extrañará de que el árbol se convierta en un huevo de serpiente. Pero ustedes lo que querían era asesinar a la paloma y dejar en lugar suyo un pedazo de mármol lleno de pequeñas salivas habladoras.

DIRECTOR. Era imposible hacer otra cosa. Mis amigos y yo abrimos el túnel bajo la arena sin que lo notara la gente de la ciudad. Nos ayudaron muchos obreros y estudiantes que ahora niegan haber trabajado a pesar de tener las manos llenas de heridas. Cuando llegamos al sepulcro levantamos el telón.

PRESTIDIGITADOR. ¿Y qué teatro puede salir de un sepulcro?

DIRECTOR. Todo teatro sale de las humedades confinadas. Todo teatro verdadero tiene un profundo hedor de luna pasada. Cuando los trajes hablan, las personas vivas son ya botones de hueso en las paredes del calvario. Yo hice el túnel para apoderarme de los trajes y, a través de ellos, enseñar[358] el perfil de una fuerza oculta cuando ya el público no tuviera más remedio que atender[359], lleno de espíritu y subyugado por la acción.

PRESTIDIGITADOR. Yo convierto sin ningún esfuerzo un fracaso de tinta en una mano cortada llena de anillos antiguos.

DIRECTOR. *(Irritado.)* ¡Pero eso es mentira! ¡Eso es teatro! Si yo pasé tres días luchando con las raíces y los golpes de agua fue para destruir el teatro.

PRESTIDIGITADOR. Lo sabía.

DIRECTOR. Y[360] demostrar que si Romeo y Julieta agonizan[361] y mueren para despertar sonriendo cuando cae el telón, mis personajes, en cambio, queman la cortina

---

[357] Tachado debajo en el Ms. «el teloncillo».

[358] En el Ms. «haber enseñado», como corrección a «haber demostrado». Seguimos la rectificación de Martínez Nadal.

[359] MN «atender lleno». Mantenemos la puntuación del Ms.

[360] Tachado debajo en el Ms. «Para».

[361] Verbo que sustituye en el Ms. a «mueren».

173

y mueren de verdad en presencia de los espectadores. Los caballos, el mar, el ejército de las hierbas lo han impedido[362]. Pero algún día, cuando se quemen todos los teatros, se encontrarán en los sofás, detrás de los espejos y[363] dentro de las copas de cartón dorado, la reunión de nuestros muertos encerrados allí por el público. ¡Hay que destruir el teatro o vivir en el teatro! No vale silbar desde las ventanas[364]. Y si los perros gimen de modo tierno hay que levantar la cortina sin prevenciones. Yo conocí un hombre que barría su tejado y limpiaba claraboyas y barandas solamente por galantería con el cielo.

PRESTIDIGITADOR. Si avanzas un escalón más, el hombre te parecerá una brizna de hierba.

DIRECTOR. No una brizna de hierba, pero sí un navegante.

PRESTIDIGITADOR. Yo puedo convertir un navegante en una aguja de coser.

DIRECTOR. Eso es precisamente lo que se hace en el teatro. Por eso yo me atreví a realizar un dificilísimo juego poético en espera de que el amor rompiera con ímpetu y diera nueva forma a los trajes.

PRESTIDIGITADOR. Cuando dice usted amor yo me asombro.

DIRECTOR. Se asombra, ¿de qué?

PRESTIDIGITADOR. Veo un paisaje de arena reflejado en un espejo turbio[365].

DIRECTOR. ¿Y qué más?

PRESTIDIGITADOR. Que no acaba nunca de amanecer.

DIRECTOR. Es posible.

PRESTIDIGITADOR. *(Displicente y golpeando la cabeza de caballo con las yemas de los dedos.)* Amor.

---

[362] Tachado a continuación en el Ms. «ya no explicaremos nuestro martirio en el teatro aunque seguiremos muriendo bajo las cocinas».

[363] Tachado a continuación en el Ms. «en las claves de los arcos».

[364] Tachado debajo en el Ms. «balcones». MN «¡No vale silbar desde las ventanas!». Seguimos el Ms.

[365] Tachado debajo en el Ms. «roto».

DIRECTOR. *(Sentándose en la mesa.)* Cuando dice usted amor yo me asombro.

PRESTIDIGITADOR. Se asombra, ¿de qué?

DIRECTOR. Veo que cada grano de arena se convierte en una hormiga vivísima.

PRESTIDIGITADOR. ¿Y qué más?

DIRECTOR. Que anochece[366] cada cinco minutos.

PRESTIDIGITADOR. *(Mirándolo fijamente.)* Es posible. *(Pausa.)* Pero, ¿qué se puede esperar de una gente que inaugura el teatro bajo la arena? Si abriera usted esa puerta[367] se llenaría esto de mastines, de locos, de lluvias, de hojas monstruosas, de ratas de alcantarilla. ¿Quién pensó nunca que se pueden romper todas las puertas de un drama?

DIRECTOR. Es rompiendo todas las puertas el único modo que tiene el drama de justificarse, viendo, por sus propios ojos, que la ley es un muro[368] que se disuelve en la más pequeña gota de sangre[369]. Me repugna el moribundo[370] que dibuja con el dedo una puerta sobre la pared[371] y se duerme tranquilo. El verdadero drama es un circo de arcos donde el aire y la luna y las criaturas entran y salen sin tener un sitio donde descansar. Aquí está usted pisando un teatro[372] donde se han dado dramas auténticos[373] y donde se ha sostenido un verdadero combate que ha costado la vida a todos los intérpretes. *(Llora)*[374].

CRIADO. *(Entrando precipitadamente.)* Señor.

---

366 Tachado debajo en el Ms. «amanece».
367 Expresión que sustituye en el Ms. a «Si abrieran la puerta».
368 Tachado en el Ms. «una pared».
369 Frase que sustituye en el Ms. a «y la sangre un cruce de tumultos».
370 Tachado debajo en el Ms. «agonizante».
371 Tachado en el Ms. «muro».
372 Tachado en el Ms. «una casa».
373 Tachado en el Ms. «verdaderos».
374 A continuación tachada en el Ms. una intervención del Prestidigitador.

DIRECTOR. ¿Qué ocurre? *(Entra el* TRAJE *blanco de Arlequín*[375] *y una* SEÑORA *vestida de negro con la cara cubierta por un espeso tul que impide ver su rostro.)*

SEÑORA[376]. ¿Dónde está mi hijo?

DIRECTOR. ¿Qué hijo?

SEÑORA. Mi hijo Gonzalo.

DIRECTOR. *(Irritado.)* Cuando terminó la representación bajó precipitadamente al foso del teatro con ese muchacho que viene con usted. Más tarde el traspunte lo vio tendido en la cama imperial de la guardarropía. A mí no me debe preguntar nada. Hoy todo aquello está bajo la tierra.

TRAJE DE ARLEQUÍN. *(Llorando.)* Enrique.

SEÑORA[377]. ¿Dónde está mi hijo? Los pescadores me llevaron esta mañana un enorme pez luna, pálido[378], descompuesto, y me gritaron: ¡Aquí tienes a tu hijo! Como el pez[379] manaba sin cesar un hilito de sangre por la boca[380], los niños reían y pintaban de rojo las suelas de sus botas. Cuando yo cerré mi puerta sentí cómo la gente de los mercados lo arrastraban hacia el mar.

TRAJE DE ARLEQUÍN. Hacia el mar.

DIRECTOR[381]. La representación ha terminado hace horas y yo no tengo responsabilidad de lo que ha ocurrido.

SEÑORA. Yo presentaré mi denuncia y pediré justicia delante de todos. *(Inicia el mutis.)*

«PRES. *(se acerca y le pone la mano en el hombro.)* Usted llora porque todavía no se ha dado cuenta de que no (hay) [existe]* diferencia alguna entre una persona y un traje».

[375] MN «Traje de Arlequín». Seguimos el Ms.

[376] Tachado a continuación en el Ms. «Enrique». De no haberse producido esta corrección el contenido de esta escena aparecía demasiado explícito.

[377] Tachado a continuación en el Ms. «Yo presentare mi denuncia».

[378] Tachado a continuación en el Ms. «y».

[379] Tachado a continuación en el Ms. «echaba».

[380] Tachado a continuación en el Ms. «muchas mujeres llenaron frascos y botellas para sus coci».

[381] Tachado a continuación en el Ms. «Señora».

PRESTIDIGITADOR. Señora, por ahí no puede salir.

SEÑORA. Tiene razón. El vestíbulo está completamente a oscuras. *(Va a salir por la puerta de la derecha.)*

DIRECTOR. Por ahí tampoco. Se caería por las claraboyas.

PRESTIDIGITADOR. Señora, tenga la bondad. Yo la conduciré. *(Se quita la capa y cubre con ella a la* SEÑORA. *Da dos o tres pases con las manos*[382], *tira de la capa y la* SEÑORA *desaparece*[383]. *El* CRIADO *empuja*[384] *al* TRAJE DE ARLEQUÍN[385] *y lo hace desaparecer por la izquierda. El* PRESTIDIGITADOR *saca un gran abanico blanco y empieza a abanicarse mientras canta suavemente.)*

DIRECTOR. Tengo frío.

PRESTIDIGITADOR. ¿Cómo?

DIRECTOR. Le digo que tengo frío.

PRESTIDIGITADOR. *(Abanicándose.)* Es una bonita palabra, frío.

DIRECTOR. Muchas gracias por todo.

PRESTIDIGITADOR. De nada. Quitar es muy fácil. Lo difícil es poner.

DIRECTOR. Es mucho más difícil sustituir.

CRIADO. *(Entrando)*[386]. Hace un poco de frío[387]. ¿Quiere que encienda la calefacción?

DIRECTOR. No. Hay que[388] resistirlo todo porque hemos roto las puertas[389], hemos levantado el techo y nos hemos quedado con las cuatro paredes del drama. *(Sale el* CRIADO *por la puerta central.)* Pero no importa. Todavía queda hierba suave para dormir.

PRESTIDIGITADOR. ¡Para dormir!

---

[382] Tachado a continuación en el Ms. «tira un fuerte».

[383] Tachado a continuación en el Ms. «Mientras».

[384] En el Ms. «ha empujado». Seguimos la corrección de Martínez Nadal.

[385] En el Ms. no se especifica «de Arlequín».

[386] En el Ms. «(entrando de haberse llevado al ar)».

[387] En el Ms. «algún frío». Seguimos la corrección de Martínez Nadal.

[388] Tachado debajo en el Ms. «hemos de».

[389] Tachado a continuación en el Ms. «y».

DIRECTOR. Que en último caso dormir es sembrar.

CRIADO. ¡Señor! Yo no puedo resistir el frío[390].

DIRECTOR. Te he dicho que hemos de resistir, que no nos ha de vencer un truco cualquiera. Cumple tu obligación.

(El DIRECTOR se pone unos guantes y se sube el cuello del frac lleno de temblor. El CRIADO desaparece.)

PRESTIDIGITADOR. *(Abanicándose.)* ¿Pero es que el frío es una cosa mala?

DIRECTOR. *(Con voz débil.)* El frío es un elemento dramático como otro cualquiera.

CRIADO. *(Se asoma a la puerta temblando, con las manos sobre el pecho.)* ¡Señor!

DIRECTOR. ¿Qué?

CRIADO. *(Cayendo de rodillas.)* Ahí está el público.

DIRECTOR. *(Cayendo de bruces sobre la mesa.)* ¡Que pase!

(El PRESTIDIGITADOR, sentado cerca de la cabeza de caballo, silba y se abanica con gran alegría. Todo el ángulo izquierdo de la decoración se parte y aparece un cielo de nubes largas, vivamente iluminado, y una lluvia lenta de guantes blancos, rígidos y espaciados.)

VOZ. *(Fuera.)* Señor.

VOZ. *(Fuera.)* Qué.

VOZ. *(Fuera.)* El público.

VOZ. *(Fuera.)* Que pase.

---

[390] A continuación aparece tachada en el Ms. una intervención del Prestidigitador.

«PRES. *(abanicandose)* ¿Pero es que el frio es malo?».

(El Prestidigitador *agita con viveza el abanico por el aire. En la escena empiezan a caer copos de nieve)*[391].

(Telón lento.)

—Sábado, 22 de agosto de 1930—

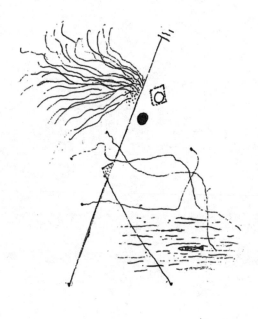

[391] MN «*(La voz se oirá cada vez más débil y lejana. El* PRESTIDIGITA-DOR *agita.)*». Seguimos el Ms.